KB201860

똑똑하게
감사 받는 법
야무지게
감사 하는 법

똑똑하게
감사 받는 법
야무지게
감사 하는 법

초판 1쇄 발행 2025년 4월 3일

지은이 김영수

펴낸이 강기원
펴낸곳 도서출판 이비컴

디자인 강은지
마케팅 박선왜
이미지 iStock, Pixabay

주 소 서울시 동대문구 고산자로 34길 70, 431호
전 화 02)2254-0658 팩 스 02-2254-0634
메 일 bookbee@naver.com
출판등록 2002년 4월 2일 제6-0596호
I S B N 978-89-6245-237-2 (13350)

ⓒ 김영수, 2025

책 값은 뒤표지에 있습니다.
파본이나 잘못 인쇄된 책은 구입하신 서점에서 교환해드립니다.

지자체
및 공공기관
출자 · 출연기관
대응

똑똑하게

감사 받는 법

야무지게

감사 하는 법

이비락 樂

1부 감사 잘 받는 방법

: 감사에 대한 두려움 갖지 않기

2부 감사 잘하는 방법

: 더 나은 감사관 되기

모든 행정의 마침표, 감사

감사에 대한 이야기를 책으로 엮은 이유는
공직자분들이 일을 잘못하고 있으니
앞으로는 똑바로 일하라는 의도가 아닙니다.

일부를 제외한 대부분의 공직자는 아주 열심히,
그리고 훌륭하게 일을 처리해 내고 계시니 말입니다.

그렇지만 실제 감사를 하다 보니
전혀 의도하지 않았음에도
절차나 규정을 제대로 알지 못하거나 경험이 얼마 없어서
위법하거나 부당하게 일 처리를 하고 있는
공직자들이 상당히 많다는 걸 알게 되었습니다.

상황이 그렇다 보니
무엇이 잘못되었는지 전혀 모르는 상태로
감사지적을 받고, 신분상 처분을 받게 되는 구조인 것이지요.

그래서 열심히 일하고 계신 대부분의 공직자분들에게
감사 전반에 대해 쉽게 설명하면서 환기시켜 드리면
그런 분들이 조금이라도 줄어들지 않을까 하는 마음을 담아
감사에 대한 이야기를 책으로 엮어봤습니다.

그와 함께 실제 감사를 하는 감사관들의 입장에서
어떤 자세로 감사에 임해야 하는지?
그리고 어떻게 감사 하는 것이 효율적인지에 대한 내용도
함께 엮어 보았습니다.

결국, 감사 하는 쪽과 감사받는 쪽
모두를 위한 내용을 담았다는 의미입니다.

공무원이 보조금을 교부할 때는
아마도 대부분은 작년이나 최근에 보조금을 교부했던
공문을 끌어와서 재작성하는 방식을 택할 겁니다.
회계처리기준 등의 수많은 자료가 첨부되는데
정작 그것을 첨부하는 이유 자체를 모른 채
그냥 전임자가 해왔던 방식을 그대로 답습하는 것이지요.

보조금 교부 시 그렇게나 많은 자료를 첨부하는 첫 번째 이유는 관련
법령에 그렇게 해야 한다고 명시되어 있기 때문이고, 두 번째 이유는
그 첨부 자료들이 정산검사의 기준이 되기 때문입니다.

그런데 만약 관련 규정이 개정되기 이전 자료를 첨부하여
보조금을 교부할 경우, 현재의 기준에는 분명 잘못 집행된
보조금이지만, 환수할 수 없는 경우도 생기게 됩니다.

그러니 부디 공직자 여러분께서는
평소 업무를 수행하실 때
'왜 해야 하는지?'와 '어떻게 해야 하는지?'에 대해
한 번쯤 되짚어 보는 습관을 들이시길 바랍니다.

또 한 가지
공직자 여러분께서 착각하시는 부분이
바로 방침을 맹신한다는 겁니다.

지자체장의 방침만 받으면
모든 것이 끝이라고 생각하는 것이지요.
실제는 그게 아닌데 말입니다.

법령에서 정하고 있는 절차가 뻔히 있는데
지자체장이 "그건 이렇게 해~"하고
절차를 위반하는 지시를 했을 때
세부적으로 법령 등의 검토 없이
맹목적으로 방침을 받아서 시키는 대로 한다면
어떻게 될까요?

머리말

다음에 감사를 받으면 이 공무원은
법령 등의 절차를 위반한 행정 행위를 하였기 때문에
무조건 처분을 받을 겁니다.
말 그대로 지자체장의 방침은 행정 내부의 절차이지
공인된 규정이 아니라는 의미니까요.

예를 들어 누군가가 여러분에게
지나가는 사람이 기분 나쁘게 쳐다보니까
"저 사람을 한 대 때려라." 해서 때리는 거랑
똑같은 결을 가진 행위가 바로 방침인 것입니다.

법령에서 지자체장에게 위임한 사항이나
아직 정해지지 않은 분야나 재량사항에 대해서는
방침이 효력을 갖게 되지만
이외에는 법령이나 규정의 테두리 안에서
행정을 수행하여야 하는 것이 원칙입니다.

그리고 일부 공직자들이
감사를 받게 되면 무조건 신분상 처분을 받는다는
큰 오해를 가지고 계시는데요.

감사는 말 그대로 위법하고 부당한 부분에 대해
지적하는 것이지, 일 처리를 제대로 하고,

제대로 복무를 지킨 공무원들을
처벌하기 위함이 절대 아닙니다.

처벌할 근거가 없으므로
바른 공직자 여러분을 억지로 처벌할 수는 없습니다.

그러하기에 내가 하는 업무가 법령이나 절차를
위반하는 부분은 없는지, 혹여 부당한 부분은 없는지에 대한
자기 성찰을 지속적으로 하는 공무원이라면
처벌은 남의 나라 이야기일 수도 있을 겁니다.
그것이 감사의 본질이지요.

물론 일부 지자체장이 조직을 길들이는 목적으로
감사를 이용하는 등의 감사의 폐해도 있고,
자칫 감사 만능주의로 빠져들면
조직 구성원 대부분이 중요한 일이나 큰 일은 하지 않으려는
복지부동의 분위기가 조성되는 등의 악영향도 있습니다.

하지만, 행정이 제대로 절차를 지키는지,
그리하여 제대로 된 역할을 수행하고 있는지 등을 점검하고
그러하지 못했을 경우 지적을 통해
앞으로 행정이 제대로 된 역할을 수행할 수 있는
방향을 제시하는 것이 제대로 된 감사의 목적이므로

머리말

감사는 모든 행정의 마침표 역할을 한다고 할 것입니다.

아무쪼록 이 책이 여러분의 공직생활을 무탈하게 이어 나갈 수 있는 이정표가 되었으면 하는 희망을 담아봅니다.

· 독자가 편하게 읽고, 쉽게 이해할 수 있도록 저자의 평소 강의 방식의 구어체로 서술하였음을 참고하시기 바랍니다.
· 본문에 제시한 각종 법률이나 법령은 「　」로 표시하였습니다.
· 본문에 사용한 이미지는 픽사베이(pixabay.com/ko/)를 이용했습니다.

1부

—

감사 잘 받는 방법

감사에 대한 두려움 갖지 않기

우연은 준비된 자에게만 웃는다.

- 루이 파스퇴르

1장

변해갑니다

어느 날 제가 생성형 AI로
사진을 하나 만들어 봤는데요.

"앞쪽에는 동전으로 그래프가 형성되어 있고
  뒤쪽에는 20대 중반의 금발 여성이 미소 짓고 있다."

이 짧은 문장에
생성형 AI는 30초 만에 이미지를 만들어 주더군요.

생성형 AI가 만들어낸 이미지를 보면
녀석은 미소에 대해 잘못된 인식을 가지고 있는 것 같네요.

여성이 썩소를 흘리고 있으니까요.

예전 같으면 마음에 드는 이미지를 찾아서
이곳저곳을 한참 동안 뒤져야 했지만
요즘은 이렇게 몇 문장만 써넣으면
얼마 지나지 않아 뚝딱~ 이미지를 만들어 주는
세상이 되었습니다.

이렇듯 빠르게 발전하면서 급변하고 있는
요즘 세상인데요.

어느 날 여러분이 장을 보려고 마트에 가서는
카트를 꺼냈는데

하얀 편지봉투 같은 게 있는 겁니다.
열어보니 안에
오만 원짜리 지폐 4장이 들어 있습니다.

여러분은 어떻게 하실 건가요?

공무원 여러분을 대상으로 하는 강의에서 물어보면
반응이 상당히 재미있습니다.

"고객센터에 가져다줘야죠."
"경찰서에 가서 신고할 겁니다."
"가만히 놓아두고 다른 카트 끌고 가야죠."

정말 바른생활의 표본같지 않으신가요?

저 같으면
돈봉투를 발견했을 때는
일단 머리를 들겠습니다.

왜냐고요?

주변에 CCTV가 있는지 확인하기 위해서입니다.
확인 후 CCTV가 있는지? 없는지?에 따라

다르게 행동해야 하니까요.

그리 오래되지 않은 과거에는
길에서 돈을 주워도 '앗싸~' 하면서
대부분 그냥 가졌습니다.

그게 보통의 상황이었지요.

하지만 CCTV가 너무나도 많아진 요즘은
돈봉투를 목격하더라도 그걸 주머니에
그냥 넣어버리면 범죄가 됩니다.

그런데 실제 마트에서 20만 원이 든 돈봉투를
발견하고는 별생각 없이 '앗싸~' 하면서
그걸 그냥 가져가신 공무원분이 있었습니다.

집에 가서 가족들이랑
소고기도 사 먹으면서 횡재했다며 좋아했는데요.

2주 후에, 경찰서에서
조사받으러 오라고 연락이 왔더랍니다.
그래서 경찰서에 가보니
마트 CCTV에 그대로 찍힌 자신의 사진을 보여주면서

"점유이탈물횡령죄"에 해당한다며
피해자와 합의하지 않으면 형사처벌을 받게 된다고 했다네요.
이분은 세상이 얼마나 빠르게 변하는지를
인지하지 못하셨던 겁니다.

이런 일도 있었습니다.

어느 날 출근하다 보니
허름한 차 한 대가 주차되어 있더랍니다.

그다음 날도 그 자리에 그대로 있는 것이
차는 일주일째 그대로 방치가 되어 있었다더군요.

여러분이라면
어쩌시겠습니까?
"경찰에 신고해야지요."
"안에 사람이라도 죽어 있으면 어떻해요."

이런 반응이 보통인데요.
어떤 공무원이 이런 생각을 하게 됩니다.

"저 차 번호판이 내 차 번호판 모양하고 똑같은데?
 누가 버리고 간 것 같으니까

저 차 번호판을 내 차에 달면 되겠네."

그렇게 이분은 1년 동안이나
버려진 번호판을 자기 차에 달고 다니다가
사고가 나는 바람에 덜미를 잡히게 됩니다.

얼마 전까지만 해도
공무원 조직에 들어오는 분들은
생각이나 행동양식이 일정 범위 안에 있었습니다.

일반인보다
한참 폭이 좁은 범주였기에
절대 넘지 않는 일정한 선 같은 것이 정해져 있었는데
요즘은 그 한계치를 넘어서는 일들이
자주 발생하는 것이
그만큼 공무원 구성원들도
많이 변화했다는 걸 느끼곤 합니다.

1부 · 감사 잘 받는 방법

이런 변화들이
우리에게 더 긍정적인 요소로 작용한다면
얼마나 좋겠습니까마는
실제는 그렇지 않은 것 같아 쓸쓸합니다.

경상남도 감사위원회는
2022년 처음 출범하였습니다.

출범 첫해 재심의 신청 건수는 1건에 불과했지만
이듬해는 4건으로 증가하더니
급기야 2024년에는 자그마치
12건의 재심의 신청이 있었습니다.

감사를 잘 못해서 그런 걸까요?
아니면 감사를 너무 강압적으로 해서 그럴까요?

아닐 겁니다.

세상도 변하고
구성원들도 변한 결과가
이해와 인정이 상실된 시대를 만들어 낸 것이겠지요.

재심의 신청
2022년   1건
2023년   4건
2024년   12건

이해와 인정이 상실된 시대

감사관들은 감사 대상자를 이해하려고 하지 않고
감사 대상자들은 감사관들을 인정하지 않는 시대.

제가 작년에 봤던 책 중에
인상 깊었던 글귀가 있는데
그게 딱 이 시대를 대변해 주는 것 같더라고요.

"남의 이유는 핑계 같았고
  나의 핑계는 이유 같았다."

그렇다면
이러한 시대에
'감사를 피하는 방법'은 무엇일까요?

정말 그런 방법이 있을까요?

감사 지적을 피하는 방법

세상에 정말
'감사를 피하는 방법'이 있을까요?

네. 있습니다.
분명 존재합니다.
일을 하지 않는 것이죠.

요즘 보면
일명 빌런이라고 부르는

실제 감사부서에 신고되지 않을 정도로
최소한의 일만 하는 직원들이 가끔 있는데요.

일을 하지 않으니
감사를 받게 되면 감사 대상에 해당되지 않을 겁니다.

한 일이 없으니까요.

하지만 이런 분들은
아주 특이한 부류에 속한 것이고
일반적인 공직자 여러분께서는
자부심과 소신으로 일하시기 때문에
일을 하지 않을 수는 없을 겁니다.

그러하기에
감사를 피하는 방법이 아닌
감사 지적을 피하는 방법으로 접근하는 것이 좋을 텐데요.

감사 지적을 피하는 방법은
의외로 간단합니다.

규정과 절차에 따라
공정하고 합리적으로

행정업무를 처리하면 됩니다.

이 말을 듣고는
버럭 하시는 분들이 있을지도 모르겠습니다.

"에잇, 이 사람아~
　무슨 교과서에나 나오는 소리를 하고 있어."
"장난쳐? 일이 얼마나 많은데
　어떻게 일일이 다 찾아보고 하나~."

그렇지요.

쳐내도 쳐내도
일이 너무 많은 것이 현실입니다.

그런 현실을 감사관들도 알고 있습니다.
감사관이라고 특정 직종의 사람들이 아니거든요.

감사원을 제외하고는
일반 부서에서 일을 하던 사람들이
감사부서로 인사 발령을 받아 감사관이 되는 관계로
그들도 사업 부서가 얼마나 일이 많은지
얼마나 힘겨운지에 대해
익히 잘 알고 있습니다.

그런 까닭에
올바른 규정이나 절차에 대해 찾아보고 고민하여
일 처리를 한 흔적만 있다면
그리 매몰차게 지적할 수가 없습니다.

감사관들도

감정을 가지고 있는 사람이니까요.

「지방공무원 징계규칙」 [별표 3]에는 음주운전 징계기준이 나와 있습니다.

음주 운전의 횟수부터

혈중알코올농도까지 아주 상세하게

징계기준이 분류되어 있습니다.

뒷부분에서 더 상세하게 설명하겠지만

음주와 관련한 처분은

최초이고 혈중알코올농도가 0.08퍼센트 미만인 경우만

감봉이라는 경징계 처분이 있지

그 외에는 무조건 중징계임을 명심하시고

음주 운전은 하지 않는 것이 좋습니다.

선택이 아니라

필수적으로 말입니다.

이렇게 음주 운전처럼

명확하게 징계양정이 정해져 있는 경우는 드뭅니다.

대부분 감사관들의

선택과 판단에 따라 결정하게 되지요.

3장 징계를 줄까? 말까?

어느 지자체 청사 앞에서
암행감찰을 한 감사관이 있었습니다.

그런데 누가 봐도 공무원인 사람이
15시 30분에 가방까지 다 싸 들고
퇴근하는 모습이 보이는 겁니다.

보통 공무원들은
분 단위로 조퇴나 외출을 잘하지 않고
대부분 4시부터나 5시부터와 같이
시간 단위로 하는 것이 일반적이므로
이럴 때 감찰반은
해당 공무원을 따라가 봅니다.

이상하니까요.

역시나 해당 공무원이 탄 차는 얼마 지나지 않아
길에서 아리따운 묘령의 여인을 태우고선
유유히 모텔로 들어가는 겁니다.

여기까지 체증을 하고
청사로 돌아와서 근태를 확인해 보니
아니나 다를까
외출은 16시부터로 결재가 나 있었던 거지요.

이런 경우 감사관들은
선택해야만 합니다.

근무지 무단이탈로만 처벌할 것인가?
아니면 품위 손상도 함께 처벌할 것인가를 말이지요.

여러분도 한번
생각해 보시겠습니까.

간통죄는 이미 폐지되었으니
과연 개인의 사생활로 처벌을 할 수 있을까요?

제 강의를 듣는 분들에게 이 질문을 하면
거의 80퍼센트 정도가 품위 손상도 함께 처벌해야 한다고
손을 번쩍 드십니다.

공무원 조직의 폐쇄성이
그대로 드러나는 부분인데요.
당시 엄청나게 고지식한 감사관을 만났던
위 사례의 공무원은 중징계 처분을 받았습니다.

이런 경우를 보면

어떤 감사관을 만나느냐도

그 사람의 운일 수 있다는 생각이 드는데요.

감사관들은 감사를 하면서

위법 부당한 행위를 마주하면

고민에 빠지게 됩니다.

지적할까? 말까?

정상 참작을 해줘야 하나? 말아야 하나?

징계를 줄까? 말까?

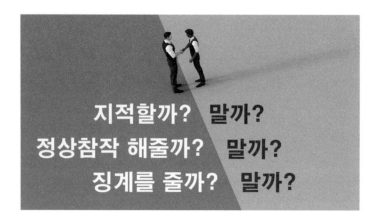

앞에서 말씀드렸듯이

감사관들도 사람이기에

기계처럼 아무 감정도 없이

지적하고 징계를 주지는 않습니다.

1부 · 감사 잘 받는 방법

고의성은 있는지?

미처 증거로 드러나지 않는

숨겨진 사연이 있는지와 같은

아주 많은 부분을 꼼꼼히 살펴보면서

고민하고 선택하게 되는 거지요.

지적을 위한 지적이나

감사 실적을 위한 지적이 아니라

그 조직이 제대로 잘 돌아가게 만드는 것이

감사의 진정한 목적이니 말입니다.

그렇다면

감사의 종류는 어떤 것들이 있을까요?

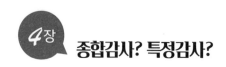

종합감사? 특정감사?

일반적으로 감사부서를 보는 시선은
곱지 않은 게 사실입니다.

감사관이 감사를 실시하고 난 후
위법 부당한 사항에 대해 아무리 정상 참작을 해서
징계를 훈계나 주의로 양정을 낮춰 준다 해도
신분상 처분을 받은 사람은
'아~ 나를 배려해 줬구나'라고 생각하는 대신
'나한테 훈계를 준 X!' 하면서 이를 갈게 되니까요.

아무리 낮은 신분상 처분이라도
그걸 받은 당사자는 기분 좋을 리가 만무할 겁니다.

그런 까닭에
감사부서에서 근무하게 되면
욕도 많이 먹고, 평소 좋았던 사람들과의 관계도

틀어지는 경우가 더러 있습니다.

그래서 감사부서는
인사 시즌이 되면 인기가 떨어지기 마련입니다.
지원자가 아무도 없어요.

감사는 매우 필요한 사항이므로
누군가는 해야 하는 업무임에는 분명하지만
아무도 감사를 맡지 않으려 하면 어떻게 될까요?

감사가 존재하지 않는 조직은
그 폐해가 훨씬 많지 않을까요?

그러니 부디
감사부서를 너무 안 좋은 시선으로만
바라보지 않았으면 좋겠습니다.

누군가는 해야 하는 힘겨움의 무게를
짊어진 사람까지는 바라지도 않으니
부디 남을 괴롭히기 좋아하는 사람들이라는 인식은
거둬 주시길 바랍니다.
너무 가혹하니까요.

그럼 감사의 종류를 알아보겠습니다.

감사의 종류는

감사 수행 기관이 어디인지에 따라 나뉘게 됩니다.

감사원, 행정안전부 등 상부 기관으로부터

감사를 받게 되면 외부감사가 되는 것이고

소속 기관이나 감사대상기관에 대해

직접 감사를 실시하면 자체감사가 됩니다.

자체감사의 종류는 크게

종합감사, 특정감사, 재무감사, 성과감사, 복무감사로 나뉠 수 있지만

핵심은 종합감사와 특정감사라고 할 수 있습니다.

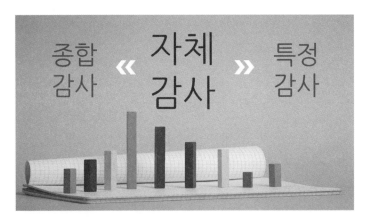

먼저 종합감사는

감사대상기관 업무 전반에 대한

적법성 등을 점검하기 위하여

정기적으로 실시하는 감사를 말합니다.

정기적으로 실시하는 감사이므로

감사 주기가 있을 것이고

그 주기는 대부분의 감사 기관이 3년으로 정하고 있습니다.

다시 말해 감사순기(順期)는 3년이라는 말인데요.

왜 콕 집어 3년일까요?

「지방공무원법」제73조의 2(징계 및 징계부가금 부과 사유의 시효)에 따르면 일정한 기간이 지나면 징계의결 요구 자체를 못 한다고 되어 있기 때문입니다.

징계시효가 가장 짧은 것이
3년이기 때문에 감사순기(順期)를 3년으로 정해 놓은 것이지요.
그 시기가 지나면
아무리 위법 부당한 행위를 하였더라도
징계 의결 요구를 할 수 없으니 말입니다.

이렇듯 아무 이유 없이 정해진 건 세상엔 없지만
'그냥~' 이라는 말이 넘쳐나는 요즘이기에
분명 이유가 있을 텐데
그 이유에 대해 누구 하나 신경 쓰지 않는 듯하여
조금 쓸쓸해지곤 합니다.

무신경하다는 것은

사람들 간의 거리가 그만큼 더 멀어졌다는 의미일 테니 말입니다.

본론으로 돌아가서

특정감사는 특정 정책, 사업, 조직 등에 대한

문제 파악 및 원인 규명을 위하여 비정기적으로

실시하는 감사를 말합니다.

언론에 특정 사업의 문제점이 대서특필되었을 때

그 즉시 해당 사업에 대해 감사를 실시하는 것과 같이

여러 사유로 해당 분야나 해당 사업만 콕 집어 실시하는 것이

특정감사인데요.

그래서 종합감사는 범위가 넓고 깊이가 얕지만

특정감사는 범위가 좁고 깊이가 깊은 특성을 지닙니다.

이러한 자체감사는
전년도 12월 말까지 다음 연도 연간 감사계획이 확정되면
개별적인 감사를 수행하기 전에
감사자료를 수집한 후에 감사를 실시하게 됩니다.

그 이후 감사 결과를 가지고
감사 결과 지적사항 심의회라는 내부심의를 거친 후에
민간위원들로 구성된 감사위원회에 상정하여
의결을 받게 됩니다.

그러므로 감사위원회가 설치된 기관에서는
감사부서나 지자체장이 양정을 결정하는 것이 아니라
보다 전문적이고
객관성을 보장받을 수 있는
감사위원회에서 양정을 결정하는 구조인 겁니다.

그리고 감사위원회가 개최될 때는
일반적으로 안건 관계인에게 변론 기회를 보장합니다.

감사위원회에 직접 출석해서 변론할 수도 있고,
서면으로 의견서를 제출할 수도 있으니
감사에 누락된 사항이 있거나
자신의 생각과 상이한 감사 내용이 있다면

이런 절차를 적극 이용하시는 것도
도움이 될 것 같습니다.

감사위원회 의결이 끝나면
기관장에게 보고한 후
수감기관에게 감사 결과를 통보하게 됩니다.

감사 결과를 통보받은 감사대상기관에서는
통보된 날로부터 30일 이내에 재심의 신청을 할 수 있고
해당 절차가 종료되면 감사 결과를 공개하게 됩니다.

그렇다고 모든 감사 결과를 공개하는 것은 아니고
대상자나 대상업체가 특정되는 등의
개인정보 유출의 가능성이 상존하는 특정감사의 경우는
대부분 공개하지 않고 있는 실정입니다.

전체 감사 흐름

[12월말] 연간 감사계획 확정	[1월말] 연간 감사계획 알림	[수감기관→감사기구] 감사자료 수집
[감사기구] 감사위원회 / 기관장 보고	[감사기구] 감사결과 지적사항 심의회	[감사기구] 감사실시 (사전조사, 본감사)
[감사기구→수감기관] 감사결과 통보	[수감기관→감사기구] 재심의 신청	[감사기구] 감사결과 공개

여기서 주의할 점은
재심의 신청 자격은 처분을 받은 당사자가 아니라는 겁니다.

무분별한 재심의 신청을 막기 위해
감사대상기관의 장이 재심의를 신청할 수 있게
정해 놓았다는 점 잊지 마시기 바랍니다.

그렇다면 감사 결과에 따른 처분에는 어떤 것들이 있을까요?

5장 알아야 대비를 하지~ 감사처분의 종류

제가 아내를 처음 만난 게 1999년이니
벌써 27년이나 되었습니다.

제 나이 47살.
제가 살아온 인생에서 아내를 몰랐던 시간보다
아내를 알았던 시간이 훨씬 많아지고 있는 까닭에
아내의 말투나 표정만으로도
기분이 좋은지, 나쁜지,
좋은 일이 있었는지, 나쁜 일이 있었는지를
단번에 알아챕니다.

급기야는 주방에서 함께 요리하면서
아내가 "여보, 저기서 그거 가져다주세요." 하면
신기하게도 원하는 걸 딱 대령하는 수준까지 도달했는데요.

아마도 그건

함께한 세월이 오래되다 보니

아내의 성향이나 특징, 습관 등에 대한

완벽한 학습의 결과물일 겁니다.

아내에 대한 정보가

그만큼 축적되어 있는 까닭이지요.

감사도 마찬가지입니다.

감사 관련 정보를 제대로 알게 되면

두려울 것도 당황할 것도 없어지게 될 터이니

감사와 관련된 정보를 정확히 알 필요가 있습니다.

감사 관련 정보 중

중요도가 높은 것이 바로 감사 처분의 종류인데

신분상 처분, 행정상 처분, 재정상 처분으로 구분합니다.

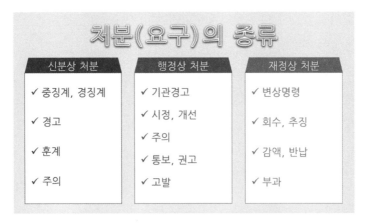

처분(요구)의 종류

신분상 처분	행정상 처분	재정상 처분
✓ 중징계, 경징계	✓ 기관경고	✓ 변상명령
✓ 경고	✓ 시정, 개선	✓ 회수, 추징
✓ 훈계	✓ 주의	✓ 감액, 반납
✓ 주의	✓ 통보, 권고	✓ 부과
	✓ 고발	

먼저 신분상 처분은 감사 대상 공무원에게 하는 처분으로
주의가 가장 경미한 처분이고, 훈계, 징계 순으로 처분 양정이
중해지는 구조입니다.

징계는 경징계와 중징계로 나뉘는데
'중징계'에는 파면, 해임, 강등, 정직이 있고,
'경징계'에는 감봉, 견책이 있습니다.

징계를 감사부서에서 직접 처분을 하지는 못하고
인사위원회에 징계의결요구를 하는 관계로
감사부서에서는 중징계인지, 경징계인지만 구분하여
징계의결을 요구하고
인사위원회의 의결 결과
세부적인 양정이 정해지게 되지요.

그리고 '경고'처분은 감사 대상 기관장을 대상으로 하는
신분상 처분입니다.

행정상 처분은 감사 대상 기관에 내리는 처분입니다.
그 중 '기관경고'는 감사 대상 기관에게 처분을 하는 것인데
해당 기관 전반에 일반적으로 형성되어 있는 위법 부당한 사항에 대
해 엄중 경고하는 목적이지요.

그러하기에 신분상 처분의 '경고'와
행정상 처분의 '기관경고'는
완전히 다른 처분이니 헛갈리시면 안 됩니다.

'기관경고'가 무서운 것이
기관경고를 받으면 감사 대상 기관 홈페이지에
기관경고를 받은 사실을 공개해야만 합니다.

그리되면 홈페이지에 접속하는
주민들은 다 알게 될 것이니
감사 대상 기관에서는
징계만큼이나 기관경고를 두려워합니다.

다음으로 '시정'이나 '개선'은 잘못된 것이 있으니
바로 잡으라는 처분으로, 원상복구해야 할 강제성을 띠게 됩니다.
덜 걷은 세금이 있으면 더 걷으라거나
덜 준 세금이 있으면 더 주라는 등의 처분이지요.

그 외에도 위법한 행정 행위가 있으면
법에 따라 올바른 행정 행위로 바꾸라는 것도
시정 처분의 종류 중 하나입니다.
그러니 원상회복이 불가한 경우에
시정 처분을 내리면 감사부서의 실수가 되겠지요.

시정의 전제조건이
원상회복이 가능해야 하니 말입니다.
'주의 처분'은
말 그대로 주의하라는 의미입니다.

직원 교육도 좀 하고
관련 업무에 대한 연찬도 좀 하라는
아주 경미한 처분이지요.

그리고 '통보'와 '권고'는
감사 대상 기관에 재량을 부여하는 처분입니다.
위법 부당한 사항이 있지만
자체적으로 해결 방안을 마련하라는 의미니까요.

이것은 경미한 지적 사항이라서가 아니라
지역적 특성이나 해당 기관의 특수성을
고려한 처분인 경우가 많습니다.

'고발'을 '수사 의뢰'와
혼동을 하시는 분들이 많은데요.
증거가 명확한 경우는 고발이고,
증거는 없지만 정황상 문제가 있어
수사기관에 수사를 요구할 때는 수사 의뢰가 됩니다.

다음으로 재정상 처분은

행정상 처분에 포함되어 처분하는 방식이므로

별도로 처분하지는 않습니다.

'변상명령'은 회계 관계 직원에 한정하여

공무원에서 변상을 명령하는 처분입니다.

실제 재정상 손실에 대해

관련 공무원들에게 구상권을 행사하라는 것이므로

상당히 중한 처분에 해당합니다.

그래서 변상명령 처분을 받은 공무원은

감사원에 변상판정을 신청해야 합니다.

그렇게 하면 감액되거나

해당 없음으로 결론 날 확률이 있기 때문입니다.

변상명령 이외의 재정상 처분은

정확한 의미를 설명하기는 힘드시겠지만
대충 감은 오실 텐데요.

재정상 처분에 대해서는 딱 4가지만 이해하시면
다른 건 유사한 개념이므로 헷갈리지 않으실 겁니다.

먼저 '추징'입니다.

추징은 범죄행위로 얻은 불법한 이익을 빼앗는 행위로
「형법」제48조 제2항을 근거로 합니다.

'회수'는 거두어들이는 행위로
유사한 의미의 환수와 혼선을 일으키곤 하는데요.

'환수'는 금전에만 사용되는 개념이고
'회수'는 금전을 포함한 전체에 사용되는 개념입니다.
그러므로 감사에서는
회수라는 용어를 주로 사용하곤 합니다.

다음으로 '환급'은
초과납부나 착오납부 등으로 더 거둬들인 세금을
반환하는 행위입니다.

그리고 '추급'은
일단 행정에서 금전을 지급했는데
모자라게 지급하여 추가로 더 지급하는 행위입니다.

이 정도만 알아도 무방하지만
이왕 재정상 용어에 대해 공부를 시작했으니
딱 두 개만 더 말씀드리겠습니다.

여러분은 혹시 '변상'과 '배상'을
구분하실 수 있으신가요?

변상? 배상?
같은 거 아냐? 하시는 분들이 많으실 테지만
둘은 완전히 다른 개념입니다.

변상은 위법 여부와 무관하게 본인으로 인해
남에게 발생한 손해를 물어주는 행위이고,
배상은 위법행위에 한정하여 남에게 입힌 손해를
갚아주는 행위입니다. 이렇게 놓고 보니
너무 헛갈리시겠지요?

변상과 배상을 헛갈리지 않는
암기법이 있습니다.

1부 · 감사 잘 받는 방법

위안부 변상 판정일까요?
위안부 배상 판정일까요?

맞습니다.

위안부 배상 판정이 옳은 표현이므로
자연히 배상은 위법행위에 한정한다는 것을
바로 연결 지을 수 있을 겁니다.

지금까지 알아본 감사 처분 중
여러분은 아마도 징계를 가장 두려워하시겠지요.

다음 장에서는
징계를 너무 두려워하지 않아도 되는 이유에 대해
설명드리겠습니다.

6장 징계가 무서워~

비행기 사고가 날 때면
뉴스를 보던 아들 녀석은 그럽니다.

"아빠~ 이제 비행기 못 타겠는데요."

작년부터 키는 저보다 더 커졌지만
아직은 고등학생인 녀석이었기에
저는 이렇게 말을 해주곤 하지요.

"아들아~ 비행기는 사고 날 확률이
가장 적은 운송수단이란다.
다만 사고가 났을 경우
사망자가 많이 발생하기 때문에
충격이 클 뿐이지."

우리가 흔히 접하는

자동차 사고로 사망하는 사람은

1억 명당 127만 명으로 1.27퍼센트의 확률을 보이지만

치명적인 항공기 사고를 당하는 사람은

1억 명당 660명에 불과하고 확률로 따지면

0.00066퍼센트로 자동차 사망사고와는

비교할 수 없을 정도로 적은 수치이지만

비행기라는 특성상

여러 명이 탑승하게 되는 것이 일반적이므로

파급효과나 충격이 클 수밖에 없는 구조입니다.

그래서 비행기 사고가 나서

많은 사람들이 한꺼번에 목숨을 잃는 일이 벌어지면

사람들은 한동안 비행기 탑승을 꺼리게 되는 것입니다.

공직자분들 중에 감사를 받게 되면

혹 징계받지는 않을까 해서

두려움을 갖는 분들이 계십니다.

이것은 마치 비행기 사고가 두려워서

비행기를 타지 않으려는 것과 비슷합니다.

감사 결과 징계를 받는 확률은

여러분이 생각하는 것보다 훨씬 적으니까요.

경상남도 감사위원회는

2022년부터 2024년까지 3년 동안 총 127개 기관에 대한

자체 감사를 실시했습니다.

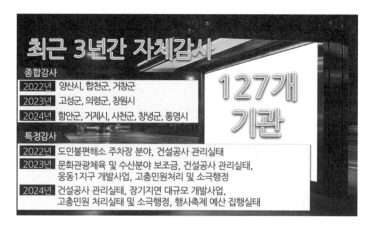

감사 결과 총 지적 건수는 486건이었고

행정상 처분은 1,022건, 신분상 처분은 2,249명,

재정상 처분은 311억 원이었습니다.

처분 건수만 보면 상당한 숫자에
"맞네~ 감사받으면 큰일 나는 거네."라고 생각하시겠지요.

거기다 신분상 처분을 받은 2,249명의 세부 양정은
중징계 4명, 경징계 74명, 훈계 821명, 주의 1,350명에 이르니
감사는 최대한 피해야겠다는 생각이 확고해 질 겁니다.

그러나 이 숫자들을 쪼개 보면
실상은 그렇지 않다는 걸 알게 되실 겁니다.

경상남도 내 18개 시군 공무원은
24년 말 기준으로 22,028명이니
평균 1,224명 정도 됩니다.

그런데 시부와 군부의 공무원 수는 차이가 상당하므로

평균을 조금 감하여 900명으로 잡으면
127개 감사 대상 기관을 감사할 경우
114,300명에 대한 감사를 실시하게 되는 것이지요.

그러니 실상 신분상 처분을 받은 2,249명은
감사받은 전체 인원의 1.97퍼센트에 불과합니다.

거기다가 징계를 받은 78명은
전체의 0.07퍼센트에 해당하는 수치이니
감사를 받는다고 징계를 무서워할 필요는 없다는 것이
수치로 증명됩니다.

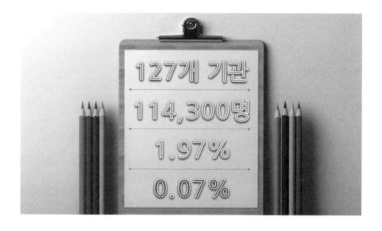

가령, 여러분이 어두운 곳에 있다고 칩시다.
그럼, 그곳을 벗어나기 위해서는 무엇을 찾아야 할까요?

1부 · 감사 잘 받는 방법

맞습니다.

바로 빛입니다.

빛을 따라가다 보면

어느새 어두운 곳을 벗어날 수 있을 테니까요.

그렇다면 여러분은 업무하실 때

무엇을 찾고, 무엇을 따라가야 할까요?

그건 바로 원칙입니다.

업무하는 과정에서는 원칙이

어둠 속의 빛과 같은 역할을 담당합니다.

원칙에는 크게

성문화된 원칙과 관습화된 원칙 두 가지로 나눌 수 있는데요.

성문화된 원칙으로는

법령, 자치법규, 행정규칙, 내부규정 등의

문서로 기록된 것들이 있고,

관습화된 원칙으로는

공서양속, 정의, 신뢰, 도리와 같은

전통적으로 우리 사회를 지탱해 주고 있는 것들이 있습니다.

그래서 감사 결과

성문화된 원칙을 지키지 않은 경우를 '위법하다'하고

관습화된 원칙을 지키지 않은 경우를 '부당하다'고 칭합니다.

그러하기에 평소 이 원칙들을 잘 지켜서

업무를 처리한 공무원이라면

위법 · 부당하지 않았기 때문에 처분할 수가 없습니다.

1부 · 감사 잘 받는 방법

해당 공무원을 처분할

법령조항을 찾을 수 없으니까요.

그러므로 감사를 너무

무서워할 필요도 이유도 없습니다.

설령 위법 · 부당한 행정처리를 하였다 할지라도

바로 징계를 받지는 않습니다.

감사관들은

위법하고 부당한 행정행위에 대해

일단 유사지적사항에 대한 처분 사례를 찾아보고,

다음으로 실수인지? 고의인지? 따져 본 후

마지막으로 초래한 결과가

경미한지? 상당한지?까지 확인한 후에야

징계 여부를 결정하기 때문입니다.

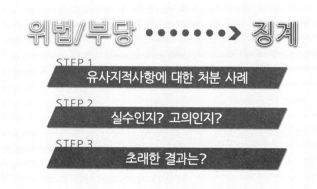

위법/부당 ·······> 징계

STEP 1
유사지적사항에 대한 처분 사례

STEP 2
실수인지? 고의인지?

STEP 3
초래한 결과는?

그러니 감사를 받게 되었다고 하면
무조건 움츠러들거나 쫄지 마시고
평소 업무를 하실 때에는
먼저 원칙을 찾아보고
그에 따라 처리하는 습관을 들이시길 바랍니다.

처음에는 익숙하지 않아 번거로울지 몰라도
한 달만 의식적으로 그렇게 일 처리를 하다 보면
어느새 원칙을 찾아보는 습관이 자리매김할 겁니다.

습관이란 녀석은
처음에 만들기가 어렵지
일단 만들고 나면 쉽사리 없어지지 않는
특성을 가졌으니 말이지요.

하지만 평소 관련 원칙에 대해 아무리 연찬을 한 후에
신중하고 조심스럽게 업무를 처리한다 할지라도
실제 감사를 받게 되면 본인 의도와는 달리
처분을 받게 되는 경우도 종종 있습니다.

시간이나 제반여건 상
세상의 원칙을 모두 연찬하면서 업무를 처리하는 건
불가능하기 때문인데, 그럴 때는 억울한 마음에

적극행정을 주장하시는 분들이 종종 있지만
실제 적극행정의 기준에 대해
제대로 알고 있는 분이라면
적극행정이었다고 주장하는데
신중한 입장을 취하실 텐데요.
그 이유는 다음 장에서
알아보도록 하겠습니다.

7장 까다로운 적극행정

저는 4월을 봄이라 부르지 않고
연두의 계절이라 부릅니다.

그 이유는 몇 년 전 4월에 우연히 마주한
풍경 때문인데요.
자주 오르던 시루봉 등산길에서
오르막을 오른 후에 우연히 고개를 들었더니
그때까지 한 번도 보지 못했던
황홀한 연둣빛이 제 눈을 사로잡았습니다.

그 순간부터

지금까지 무심코 지나쳤던 4월의 연두들이

하나둘 눈에 들어오면서

4월은 제게

무조건 연두의 계절로 각인되기에 이르렀지요.

무언가를 알게 된다는 건

관심을 가진다는 의미이고

관심을 가진다는 건

제대로 알아 간다는 걸 의미하기에

처음 인지의 단계가

무엇보다 중요한 것 같습니다.

그러하기에 여러분도

이번 장을 통해 "적극행정"에 대해
제대로 인지하시길 희망해 봅니다.

적극행정이란
공무원이 불합리한 규제의 개선 등 공공의 이익을 위하여
창의성과 전문성을 바탕으로
적극적으로 업무를 처리하는 행위입니다.

적극행정의 정의를 보면
좋은 말은 다 갖다 붙여 만든 것 같다는 느낌이 듭니다.

그래서 적극행정을 하는 공무원에 대해서는
면책제도를 운영하고 있습니다.

그런데 적극행정에 대한 면책 기준이

너무 엄격하여 실제로는 그 효용성에 의문을 품게 됩니다.

「공공감사에 관한 법률 시행령」 제13조의3(적극행정에 대한 면책의 기준)에
따르면 적극행정을 하여 면책을 받으려면
공공의 이익을 위한 업무 추진일 것,
적극적 업무처리의 결과일 것, 사적 이해관계가 없을 것,
중대한 절차상 하자가 없을 것이란 기준 모두를
충족해야 합니다.

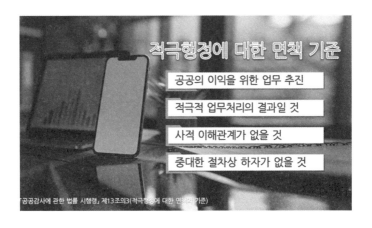

보기만 해도 복잡해 보이는 관계로
하나하나 풀어 보겠습니다.

먼저 공공의 이익부터 살펴보면
경제 활성화, 예산누수 방지, 공공기관의 수익창출 도모와 같은 경우
는 인정됩니다.

하지만 특정 개인이나 기업에 특혜성 행위라거나
기존보다 공익성이 저하되는 방식의 업무처리는
인정되지 않습니다.

그러니까 공공의 이익을 도모해야 하는데
기존 처리 방식 대비 공공성의 무게추가
현저하게 쏠려야 한다는 의미이지요.

다음으로
적극적 업무처리의 경우는
문제 해결을 위한 새로운 방식의 시도,
소요 시간을 단축하는 신속한 조치,
예상되는 문제점을 최소화하려는 노력과 같은 것들은 인정됩니다.
하지만 업무 소홀이라든지 무사안일한 처리,
대안 검토 없이 맹목적인 업무처리와 같은 것들은 불인정됩니다.

적극적 업무 처리

문제 해결을 위한
새로운 방식 시도,
소요시간을 단축하는
신속한 조치,
예상 문제점
최소화 노력

업무소홀,
무사안일 처리,
대안 검토 없이
맹목적 업무처리

그리고 사적 이해관계인데요.

당연히 사적인 이해관계가 없는 경우는 인정되지만

이권개입이 있거나 알선청탁 등과 연관이 있으면 불인정됩니다.

또한 횡령, 배임, 사기 등의 범죄행위와 연관이 있어도

당연히 불인정됩니다.

마지막으로 중대한 절차상 하자가 없어야 하는데

규정에 따른 절차를 준수하고,

법령에서 정한 위원회의 심의와 자문을 거친 경우는

인정되지만

변경공고, 승인절차 등의 중대 절차를

누락하는 경우는

인정되지 않습니다.

중대한 절차상 하자

규정에 따른 절차 준수,
법령에서 정한 위원회
심의와 자문을 거친 경우

변경공고, 승인절차 등
중대 절차 누락

그러니까 적극행정을 했고,

그에 따른 면책을 받기 위해서는

공공의 이익을 위한 것이고,

적극적인 업무처리의 결과이며,

사적 이해관계가 없고,

중대한 절차상 하자가 없는 경우

모두를 충족해야 한다는 의미인 겁니다.

예전에

산타클로스, 정직한 정치인, 청렴한 변호사의

공통점은 무엇인지에 대한 퀴즈를 보고

한참 고민해도 도저히 답을 유추해 내지 못했는데

나중에 알아본 답은

바로 '현실에 존재하지 않는 것들'이었습니다.

저는 적극행정이란 것이

현실에 존재하지 않는다는 생각이 듭니다.

적어도 감사에서 지적받은 경우는

더더욱 해당이 안 되는 것이겠지요.

공공의 이익을 위한 것이고,

적극적으로 업무를 처리한 결과인데

사적 이해관계와 중대한 절차상 하자도 없다면

감사에서 지적받지 않을 것이기 때문이니까요.

이번 장을 끝으로

감사에 대한 기본적인 설명을 끝내고

다음 장부터는

분야별로 실제 지적 사례들에 대해 살펴보도록 할 텐데요.

정말 위험하지만 보통의 공무원들이

제대로 인식하지 못하고 있는

음주운전부터 시작해 보겠습니다.

8장 음주운전은 제발 하지마~

주사위가 하나 있습니다.

주사위를 던져
1이 나올 확률은 얼마일까요?

네. 맞습니다.
1/6이지요.

그런데 제가 주사위를 여섯 번 던졌는데
계속해서 1이 나오는 겁니다.

그럼, 일곱 번째로 주사위를 던질 때
1이 나올 확률은 얼마가 될까요?

1/6이란 확률은 변하지 않습니다.

그 이유를 설명한 것이
바로 큰수의 법칙인데요.
처음에 주사위를 여섯 번 던졌는데
공교롭게도 1이 연속해서 나왔을 뿐이지
던지는 횟수가 많아지면 많아질수록
1이 나올 확률은 1/6에 근접하기 때문에
어떤 상황에서도
주사위를 던져 1이 나올 확률은
1/6이 되는 것이지요.

음주운전이 딱 여기에
적용하기 좋은 예인데요.

한두 번 술을 마시고 운전했는데
걸리지 않았다고 해도

음주 운전 횟수가 잦아지면
결국 적발될 것이므로
음주운전은 절대 하지 않아야 합니다.

술을 마셔야 할 자리가 있다면
아예 차를 끌고 가지 마시고
대중교통을 이용하시는 것이
현명한 자세입니다.

만약 공무원이 음주운전으로 적발될 경우
그에 부가되는 처벌이 실로 엄격하여
공무원이라는 직종의 특성상
형사벌도 받고 행정벌도 받게 되는
이중 처벌 구조이기 때문인데요.

일반적으로 음주운전으로 적발이 되면
경찰에서 소속기관으로 범죄사실 통보 공문을 발송합니다.

그때부터는
형사벌로 어떤 처분을 받았는지
합의금으로 얼마나 큰 돈을 지불했는지는
전혀 상관이 없는 행정처분의 영역으로 돌입하게 되는데
행정벌의 영역에서

음주운전 징계기준은 「지방공무원 징계규칙」 [별표3]에
세부적으로 적시해 놓았습니다.

유 형 별	징계요구 (처리기준)	징계기준
1. 최초 음주운전을 한 경우		
가. 혈중알코올농도가 0.08퍼센트 미만인 경우	경징계 또는 중징계	정직~감봉
나. 혈중알코올농도가 0.08퍼센트 이상 0.2퍼센트 미만인 경우	중징계	강등~정직
다. 혈중알코올농도가 0.2퍼센트 이상인 경우	중징계	해임~정직
라. 음주측정 불응의 경우	중징계	해임~정직
2. 2회 음주운전을 한 경우	중징계	파면~강등
3. 3회 이상 음주운전을 한 경우	중징계	파면~해임
4. 음주운전으로 운전면허가 정지되거나 취소된 상태에서 운전을 한 경우	중징계	강등~정직
5. 음주운전으로 운전면허가 정지되거나 취소된 상태에서 음주운전을 한 경우	중징계	파면~강등

6. 음주운전으로 인적 또는 물적 피해가 있는 교통사고를 일으킨 경우		
가. 상해 또는 물적 피해의 경우	중징계	해임~정직
나. 사망사고의 경우	중징계	파면~해임
다. 사고 후 「도로교통법」 제54조제1항에 따른 조치를 하지 않은 경우		
1) 물적 피해 후 도주한 경우	중징계	해임~정직
2) 인적 피해 후 도주한 경우	중징계	파면~해임
7. 운전업무 관련 공무원이 음주운전을 한 경우		
가. 운전면허 취소처분을 받은 경우	중징계	파면~해임
나. 운전면허 정지처분을 받은 경우	중징계	해임~정직

앞 장에서 말씀드렸던 바와 같이
음주에 대한 징계 양정이 상당히 강화되어
최초 음주운전에다가 혈중알코올농도가 0.08퍼센트 미만인 경우
딱 하나에만 '감봉'이란 경징계를 적시해 놓았습니다.

그것도 무조건 경징계가 아니라
'정직~감봉'으로 징계기준을 정함으로써
중징계도 받을 수 있는 여지를 함께 만들어 놓았을 정도인데요.
2회 음주운전을 한 경우는 '파면~강등'으로
더 강력한 처벌을 하는 데다
3회 이상 음주운전을 한 경우는 '파면~해임'으로
아예 면직처리를 시켜서 쓰리아웃을 만들어 버립니다.

열심히 공부해서 어렵게 공무원으로 들어왔는데
순간의 잘못된 판단으로
공무원이란 신분을 박탈당하게 되는 겁니다.

생각만 해도
끔찍하지 않으십니까?

최근 음주운전 적발 시 일부 연예인들의 잘못된 대응을
일반인들도 따라 해서 사회적 물의를 야기하는 경우가 많은데요.
공무원의 경우는
음주측정에 불응할 경우는 '해임~정직'으로 징계 기준을
정해놓아 더 크게 처벌될 수도 있으니 유의하시기 바랍니다.

그리고 「지방공무원 징계규칙」 제5조(징계의 감경)에 따르면
5급 이상은 국무총리 이상의 표창과
6급 이하는 광역자치단체장 이상의 표창을 받았을 경우
인사위원회에서는 징계 의결 요구된 사람의 징계를 감경해 줄 수 있
다고 되어 있지만 음주운전은 감경대상에서 제외됩니다.

그러니 음주운전에 적발되면
합의금은 합의금대로 나가고
징계는 징계대로 받고
승진 후보자 명부에 일정 기간 등재 자체가 안 됩니다.

1부 · 감사 잘 받는 방법

거기다 성과금도 못 받게 되니
피해가 정말 막심할 수밖에 없습니다.

부디 술을 마셔야 하는 자리가 있으면
출근할 때부터 아예 차를 가지고 오지 않는
습관을 들이시길 진심으로 부탁드립니다.

그럼 음주운전을 비롯한
「도로교통법」 위반 사례를 살펴보도록 하겠습니다.

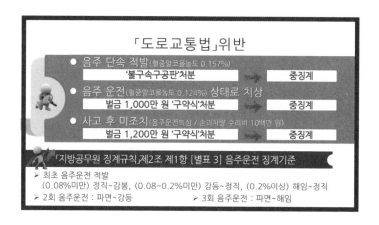

먼저 혈중알코올농도 0.157퍼센트로 적발된 분은
법원으로부터 '불구속구공판'처분을 받았다고
통보가 왔습니다.

'불구속구공판'은 구속되지 않은 상태로

재판을 받을 수 있다는 의미인데요.
이 통보가 감사부서로 오게 되면
감사부서에서는 당사자에 대한 조사를 다시 하게 됩니다.

문답도 받으면서 경위에 대해 상세하게 물어보는 과정을
거치게 되는 것이지요.

이분은 중징계를 받으셨습니다.

다음은 혈중알코올농도 0.124퍼센트 상태로 음주운전을 하다가
사람을 치게 된 경우인데요.
자그마치 벌금 1,000만 원의 '구약식' 처분을 받은 후
행정벌로 중징계까지 받으셨습니다.

금전적 손해가 막심하지요.
그리고 음주운전이 의심되는 분이 사고를 내고
현장 수습을 하지 않은 채 그 자리를 벗어나
벌금 1,200만 원의 '구약식' 처분을 받은 경우도 있었는데요.

이분 역시 중징계 처분을 받으셨습니다.

여기서 짚고 넘어가야 할 것이
12대 중과실 교통사고입니다.

「교통사고처리특례법」 제3조(처벌의 특례)에 따르면
12대 중과실 교통사고에 대해 보험 가입과 무관하게
형사처벌을 받게 되어 있습니다.

그런데 12대 중과실이라는 것이
사고만 안 난다면 과태료로 끝날 것이
형사처벌까지 이르게 되는 것이니

부디 운전하실 때는
조금 더 주의를 기울이시길 바랍니다.

9장

횡령과 배임은 거창한 게 아니야

아이는 둘인데
빵이 하나 있습니다.
이 빵을 두 아이에게
가장 공정하게 나눠주는 방법은 무엇일까요?

생각해 보십시오.
아무리 공을 들여서
정확하게 반으로 나누려 노력해도
남의 떡이 더 커 보인다고
분명 어느 한쪽은 불만을 갖게 마련이잖아요.

나의 잘못은 실수이지만
남의 잘못은 실력이라 말하는 것처럼
자신에게는 한없이 관대하지만
다른 이에게는 더없이 엄격한 이치와
유사하게 말입니다.

이럴 때 빵을
공정하고 불평불만 없이 나눠주는 방법은 바로
분배와 선택의 권한을 분리하는 것입니다.

한 아이보고 반으로 자르라고 하고
다른 아이에게 먼저 선택권을 주는 것이지요.

요즘 말로 자신에겐 관대한데
다른 이에겐 엄격한 잣대를 들이대는 경우를
'내로남불'이라고 하는데
이런 내로남불이 딱 들어맞는 경우가
바로 '횡령'과 '배임'입니다.

이 두 단어만 들으면
엄청 심각한 것 같고
자신과는 무관한 것처럼 보이시죠?

그런데 실제는
그렇지 않답니다.

횡령의 사전적 의미는
공금이나 남의 재물을 불법으로 차지하여
가지는 행위를 말합니다.

"거봐~ 나하고는 전혀 상관없는 일이잖아." 하는
분들도 계시겠지만
허위 출장이나 허위 초과근무와 같이
불법적인 방법으로 수당을 수령하게 되면
그것이 바로 횡령이 되는 것입니다.

예산을 불법으로 차지하여
가졌으니 말입니다.

그럼, 배임은 어떨까요?

배임의 사전적 의미는
주어진 임무를 저버림으로써
국가나 회사에 재산상 손해를 끼치는 행위를 말합니다.

여기서도 본인과는 상관없다고 생각하시는 분들이
계시겠지만

우리가 흔히 계약 상대자를 정할 때
'A'사보다 'B'사의 조건이 더 좋고 가격도 저렴한데
평소 친분이 있는 'A'사를 계약 상대자로 선정하면
그게 바로 배임이 되는 겁니다.

　　　　　　　　　　　　1부 · 감사 잘 받는 방법

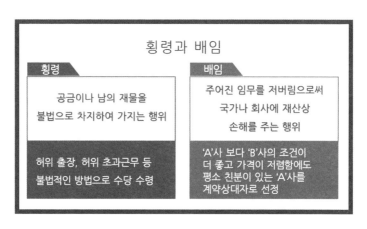

그럼 실제 지적 사례들을

살펴볼까요?

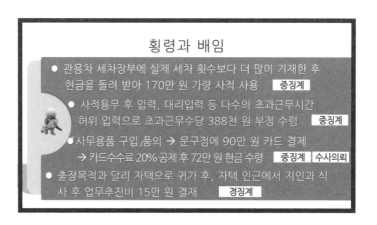

첫 번째 사례는 관용차 세차 장부에

실제 세차 횟수보다 더 많이 기재하는 방식으로

결제 금액을 부풀린 후

차액을 현금으로 돌려받아서

사적으로 사용한 경우입니다.

이분은 중징계 처분을 받았습니다.

요즘 시대가 어느 시댄데
아직도 이런 게 있어? 하실지 몰라도
여전히 이런 분들은 존재하더라고요.

다음은 사적 용무 후에 초과근무를 입력하거나
다른 사람에게 대리 입력을 시키는 등
다수의 초과근무 시간을 허위로 입력하여
수당을 부정 수령한 경우입니다.

이분 역시 중징계 처분을 받았습니다.

초과근무수당 부정 수령은 일단 적발되면
부정 수령 금액에 징계가산금이 함께 부과되고
거기다 일정기간 초과근무 수당 자체를
지급받지 못하기 때문에
애초에 부정 수령을 하지 않는 것이
현명한 방법입니다.

다음은 사무용품을 구입한다고 품의를 내고

평소 거래하던 문구점에 카드 결제를 한 후
현금을 돌려받다 적발된 경우입니다.

이분은 중징계에 수사 의뢰까지 되었습니다.

까딱 잘못하면
해임까지 나올 수 있었던 경우였습니다.

그리고 출장 목적과 달리 자택으로 귀가한 후에
옷을 갈아입고는 자택 인근에서 지인들과 식사하고
식사 대금을 업무추진비로 결제하다 적발된 경우는
경징계 처분을 받았습니다.

사례들을 보면
이런 걸 어떻게 적발했지?라는 생각이 들지 않나요?

감사관들이 계속 잠복하고 있을 수는 없을 텐데...
신기하지요?

이런 경우들은 대부분
내부고발입니다.

책의 맨 앞 장에서 말씀드렸듯이

세상도 많이 바뀌었고
공직 구성원들도 많이 바뀌었습니다.

그래서 예전처럼
좋은 게 좋은 거라는 인식이
이제 사라졌다고 보는 게 맞을 겁니다.

누군가의 잘못을 묵과하고 방조하는 분위기는
공직사회에서 더 이상 자리하지 못하고
사라지는 분위기란 점 잊지 마시기 바랍니다.

그리고 한 가지 더 말씀드리면
사례 설명을 하면서
장부 이야기가 많이 나오는데요.

세차 장부? 식당 장부? 문구사 장부? 매점 장부?

공무원 조직은 장부를 참 많이도
사용하고 있습니다.

그렇다면 과연
'장부'는 위법하지 않을까요?
지금처럼 계속 사용해도 될까요?

이 질문을 받으면
대부분 씨익~ 하고 웃으시거나
시선을 피하시는 분들이 많은데요.
'장부'는 전혀 위법하지 않습니다.

왜냐하면
「지방자치단체 회계관리에 관한 훈령」
지방자치단체구매카드 사용 절차에
정기적으로 소액의 예산을 지출하는 경우
1개월 이하의 일정 기간을 합산하여
1건으로 신용카드를 사용할 수 있다고 되어 있기 때문입니다.

공무원은 규정을 가지고
말해야 하고 행동해야 합니다.

일반적으로 이른 시간 출장을 갈 경우
사무실에 출근하지 않고
자택에서 바로 출장을 가는 분들 많으시죠.

그건 위법할까요? 아닐까요?

이 질문에는
대부분 이렇게 대답합니다.

"그게 더 효율적이고 합리적이지 않나요?"

맞습니다.
이른 아침에 출장을 가는데
구태여 사무실까지 출근했다가 가는 건
비효율적이지요.

하지만 이런 대답은
민간인 신분에서나 어울리는 답입니다.

공무원이라면
"복무규정상 근무지 출발이 원칙이지만
예외적으로 주거지 출발을 인정하고 있기 때문에
주거지에서 바로 출장 가는 건 위법하지 않습니다."라고
대답해야 하는 것이지요.

그럼 다음 장에서는
요즘 심각하게 사회적 문제로 대두되고 있는
갑질과 직장 내 괴롭힘에 대해서 살펴보겠습니다.

10장 갑질과 직장 내 괴롭힘을 구분해 줄게

최근에 지인 한 분이
이런 말씀을 하시더군요.

"법령이나 규정에만 위법하지 않게
 일 처리 하면 감사지적을 받지 않는 것 아닙니까?"

그분은 연차가 꽤 쌓인
중견 공무원이신 데다
업무 역량도 훌륭하고
업무태도도 좋았던 분이었기에
그런 분이
이런 생각을 하는 걸 보면
아마도 일반적인 공직자 여러분 대부분이
이렇게 생각하실지도 모르겠다 생각했었는데요.

이것은 정말 잘못된 생각입니다.

앞 장에서 위법 또는 부당한 경우에
감사지적을 받게 된다고 말씀드렸잖아요.

그러니까 법령이나 규정에 맞게
일 처리 하는 건 위법하진 않지만
부당한 상황에 해당할 가능성은 존재하기 마련입니다.

예를 들면
법령이나 절차에 맞게 행정 처리를 했다고 칩시다.

그런데 행정 처분을 받은 민간에서
언론 등을 이용하여 여론몰이를 한다면 어떨까요?

매정한 행정 처리~
피도 눈물도 없는 OO지자체~와 같이
지역 여론이 급격하게 안 좋아져서
하루에도 수백 통의 항의 전화가 쏟아지는
결과가 초래되었다면 말입니다.

이런 행정 처리는 위법하진 않을지 몰라도
소속 지자체의 이미지에 부정적 영향을 끼치게 되는
직접적인 영향력을 행사한 것이기에
이는 부당한 행위에

해당할 가능성이 생길 수도 있지요.

그러니 본인이 하는 행정 처리에 대한
파급력이나 관계인들에 대한 영향력 등도
종합적으로 고려하는 것이 현명한 태도가
아닐까 생각해 봅니다.

이렇게 법령에 명문화된 규정이 없음에도
감사에 지적되는 경우가 더러 있는데요.
그 대표적인 것이
최근 심각하게 사회적 이슈가 되는
'갑질'과 '직장 내 괴롭힘'입니다.

본래 갑질은 직접적인 근거 조항이 없는 반면
직장 내 괴롭힘은 2019. 1. 15. 「근로기준법」 개정을 통해
명문화시켰습니다.

이런 추세에 따라
공무원 조직에서도
직장 내 괴롭힘 관련 조례를 만들어 운영하고 있었습니다.

그런데 최근 들어
갑질 관련 조례를 만드는 지자체도

늘어나고 있는 실정입니다.
물론 조례라는 것은
지역적 특성을 고려하여 지방자치단체가
필요에 따라 만드는 것이니

가타부타 옳다 그르다를
논하기는 곤란하지만
아무래도 근거 법령이 있는 쪽이
더 신뢰도가 높아진다는 건 부정할 수 없을 것이기에
어디에도 근거 법령이 없는 갑질에 대해
조례를 만든다는 것이 옳은 방향일지는 모르겠습니다.

하지만 조례를 만드는 건
지자체의 고유 권한이니
나름의 판단이 있었겠지만
갑질 관련 조례와 직장 내 괴롭힘 관련 조례
두 개 모두를 운영하는 지자체는
전국에 단 한 곳도 없습니다.

다시 말해 직장 내 괴롭힘 근절 조례를 만든 지자체는
갑질에 대해서는 사각지대에 있고
갑질 금지 조례를 만든 지자체는
직장 내 괴롭힘에 대해서는 사각지대가

1부 · 감사 잘 받는 방법

발생하게 되는 구조라는 의미인데요.

갑질과 직장 내 괴롭힘은
엄연히 다른 개념이기 때문입니다.

갑질 행위란
지위 또는 관계 등의 우위를 이용하여
자신의 이익을 추구하거나 직무 관련자 등에게
부당하게 불이익을 주는 행위이고,

직장 내 괴롭힘은
지위, 직책 등에서 유래하는
사실상의 영향력을 이용하여 업무상 적정범위를 넘어
신체적, 정신적 고통을 주거나
근무 환경을 악화시키는 행위를 말합니다.

다시 말해 양쪽 모두가
우월적 지위 등을 이용한다는 것과
상대방을 괴롭히거나 불이익을 주는 등의
잘못된 영향력을 행사하는 건 유사하나
핵심적인 차이가 있습니다.
바로 "업무상 적정범위"입니다.

갑 질 vs 직장내괴롭힘

지위 또는 관계 등의 우위 이용	지위,직책 등에서 유래되는 사실상의 영향력 이용
	업무상 적정범위를 넘어
자신의 이익 추구 or 직무 관련자 등에게 부당하게 불이익을 주는 행위	신체적, 정식적 고통을 주거나 근무환경을 악화시키는 행위

업무상 적정범위 내에서는

아무리 직위나 직책 등을 이용하여

신체적 정신적 고통을 주거나

근무 환경을 악화시키는 행위를 하여도

직장 내 괴롭힘에는 해당되지 않는다는

의미인데요.

그러니 결론적으로

직장 내 괴롭힘보다

갑질의 범주가 더 넓다고 말할 수 있을 것입니다.

그렇다면 직장 내 괴롭힘으로

처벌받은 사례들을 살펴볼까요?

직장 내 괴롭힘

- 음주 후 사적 전화, 카풀 강요, 업무 배제, 허위소문 유포, 모욕적인 발언 **중징계**
- 음주 후 협박·폭행, 물리적 위협, 폭언 **중징계**
- 모욕적 발언, 외모 비하, 피해자를 밀치는 행위 **중징계**
- 피해자 머리채를 잡고 양쪽 뺨 가격 **중징계**
- 욕설, 폭언, 비하성 발언, 사적용무 지시 **중징계**
- 폭행, 욕설, 폭언 등의 부적절한 발언 **경징계**

첫 번째는 아주 심각한 사례인데요.

음주 후에 사적 전화를 하고, 카풀을 강요했으며,

마음에 안 든다고 업무 배제시키고, 허위 소문을 유포했으며,

모욕적인 발언까지 했던 관리자가 중징계 처벌을 받았습니다.

이런 분들은

세상이 아무리 변해도

자기만의 세상 속에서만 머물러 있는 경우입니다.

예전처럼 해도

괜찮을 거라고 착각하시는 거지요.

제가 누누이 강조했듯이

세상이 변했고, 조직 구성원들도 다 변했습니다.

공직자 여러분은
이 점을 제대로 인지하시고
조심하셔야 합니다.

요즘 분위기는
조금이라도 부당한 대우나 피해를 받게 되면
절대 참지 않고 바로 행동에 옮겨 버리니까요.

다음 사례는
음주 후 협박과 폭행을 했는데
이후에도 반복적으로 물리적인 위협과 폭언을 지속했던 관리자도
중징계 처벌을 받았습니다.

문제가 있는 곳에는
어디든 술이 빠지지 않는 느낌이지요?

그러니 술도 적당히
즐기는 수준까지만 드시길 바랍니다.

그 외 지적 사례도
모욕적 발언, 외모 비하, 폭행, 욕설, 사적 용무 지시 등이
주를 이루고 있습니다.

직장 내 괴롭힘에 주로 등장하는
레퍼토리인데요.

다시 말씀드리지만
요즘 공직 분위기가 참 많이 바뀌었습니다.

그래서 예전처럼 좋은 게 좋은 거라는 말처럼
참고 견디면서 눈치 보던 시절은
이미 지났습니다.
부디 진심으로
이러한 변화를 제대로 인지하셨으면 좋겠습니다.

그렇지 않으면
수십 년 동안 쌓아온 본인의 이미지가
한순간에 무너질 수도 있고
지금까지 열심히 조직을 위해 달려왔던
본인의 노력 모두가 부정당하는 느낌까지
받을 수가 있기 때문입니다.

그런데
직장 내 괴롭힘과 같이
상급자가 하위직을 괴롭히는 경우도 문제가 심각하지만
최근에는 반대의 경우도 심심찮게 발생하는데요.

요즘 흔히 말하는 을질입니다.

을질은 정당한 업무 지시에 대해
갑질 또는 직장 내 괴롭힘이라고 부당하게 주장함으로써
상대방에게 신체적 정신적 고통을 주거나
근무 환경을 악화시키는 행위입니다.

을질 역시 직접적인 근거 조항은 없지만
「지방공무원법」 제48조(성실의 의무) 및 제49조(복종의 의무)
위반으로 처벌을 하고 있는 실정입니다.

왜냐하면
이렇게 심각한 문제를 일으키는 직원을 가만히 두면
삽시간에 이에 동조하는 직원들이 늘어나면서
조직을 급격하게 좋지 않은 방향으로 만들어 버리기 때문인데요.

을 질
「지방공무원법」
제48조(성실의 의무) 및 제49조(복종의 의무) 위반
정당한 업무지시나 요구 등을
정당한 사유 없이 거부하거나
정당한 업무지시에 대해 갑질 또는 직장 내 괴롭힘이라
부당하게 주장함으로써 상대방에게 신체적·정신적
고통을 주거나 근무환경을 악화시키는 행위

'바다 진주~~'와 같은 욕설이나 막말을 하고,
근무태만에다가 직속상사의 업무 지시를 미이행하는 등
일탈 행위를 지속적으로 반복하던 직원이
얼마 전 중징계를 받았습니다.

그리고 불특정 다수 직원을 위협하면서 공포감을 조성하고,
여직원 주거지에 어슬렁거리거나 상습적으로 자리를 이석했으며,
상관에게 반말하는 등 근무태도가 매우 불량했던 직원도
중징계를 받았는데요.

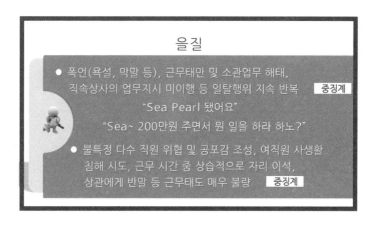

이런 직원들을 보면
너무 안타깝습니다.

처음부터 이상한 분들이
아니었을 테니까요.

함께 일하던 특정 직원에게서 좋지 않은 영향을 받거나
조직에 실망하는 일을 몇 번 당하게 되면서
서서히 마음이 떠나며 흑화되었을 겁니다.

'일을 열심히 하면 뭐해. 인정도 안 해주는데'
'다른 사람들도 다들 노는데 나만 일하는 건 불공평해'와 같은
마음을 조금씩 키우며 완전히 엇나가 버리게 되는 것이지요.

이럴 때는 안으로 숨기고 속만 썩이지 마시고
선배나 상사에게 대화를 청해 보시길 권합니다.

아무나 말고요.
본인이 평소에 믿고 의지하거나
열린 사고를 가진 분들 말입니다.

그렇게 누군가에게 말하게 되면
의외로 본인이 잘못 생각했다는 걸 인지하면서
안 좋은 상황이 순식간에 정리될 수도 있습니다.

설령 성공적으로 해결되지 못한다고 하더라도
주변에 여러분이 처한 상황이나 기분을
정확히 알리는 계기가 될 수 있으니
나쁠 건 하나도 없습니다.

그러니 부디
속으로 삭이거나
스스로 결론 내 버린 채 함부로 단정 짓지 마시고

부디 용기 내어
대화를 시도하시길 권해 봅니다.

그럼, 다음 장에는
코에 걸면 코걸이, 귀에 걸면 귀걸이인
품위 유지 의무의 위반에 대해 알아보겠습니다.

11장 공무원은 품위를 지켜야 해

늦은 밤
아무도 없는 횡단보도 앞입니다.
주변에는 사람이 없고
도로에도 차가 전혀 없는 상황이지요.
보행신호를 기다리겠습니까?
무단횡단을 하시겠습니까?

어떤 선택을 하든
무방할 겁니다.

지극히 개인적인 양심의 영역임과 동시에
그 누구에게도 피해를 주지 않을 테니까요.

하지만 누구나 다 보는 공개된 장소이거나
그 행위가 지속적으로 노출될 여지가 있는 상황이라면
이야기는 달라집니다.

1부 · 감사 잘 받는 방법

어느 날 운전하던 중에

신호등에 걸려 정차했습니다.

그때 고개를 돌려

도로 중앙에 있는 화단을 바라봤는데

순간 기분이 확 나빠졌습니다.

중앙화단 식물 위에

덩그러니 놓여 있던 종이컵 하나 때문이었습니다.

화단 양쪽에는 차도만 있어

차들이 쌩쌩 달리는 곳인지라

이는 분명 신호에 걸려 정차되었을 때

차량 운전자 중 누군가가 던져 놓은 결과물일 겁니다.

에혀~ 하며

차 문을 열고 종이컵을 주울까 했었는데

신호가 이내 바뀌는 바람에

그냥 지나갈 수밖에 없었습니다.

일주일 후
다시 그곳을 지나치다 신호에 걸려 섰는데
그때 그 종이컵이
그 자리에 그대로 놓여 있는 겁니다.

그걸 보자마자
이대로 지나치면 안 되겠다 싶어
차 문을 열고는 휘리릭~ 몸을 날려
종이컵을 포획했었습니다.

평소 차량 통행량이 많은 곳이기에
그곳을 지나가며 얼마나 많은 이들이
버려진 종이컵을 보고 인상을 찌푸렸을지
그리고 종이컵 테러를 한 당사자도

1부 · 감사 잘 받는 방법

분명 그곳을 다시 지나쳤을 터인데
자신이 던져 놓은 종이컵을 보고는
무슨 생각이 들었을지...
아니면
자신이 버렸는지도 모르는 건 아닌지.

종이컵 하나에
이런저런 생각들이 많아지는 순간이었습니다.

'품위'라는 말이 있습니다.

품위의 사전적 의미는
사람이 갖추어야 할 위엄이나 기품입니다.
'갖추어야 할'이 핵심인데요.

말 그대로
품위는 누가 억지로 강요하거나
대신 만들어 주는 것이 아니라
스스로 만들어서
갖추어야 할 덕목이라는 것입니다.

어떤 생각을 하면서 살아가는지
어떤 마음으로 사람을 대하는지

어떤 자세로 삶을 항해하고 있는지

어떤 경험을 하였고

그 경험을 통해 무엇을 배우고 느꼈는지

그렇게 살아가면서

자신 안에 누적되는 수많은 요소의 화학반응을 통해

표출되는 결과물이 바로

그 사람의 '품위'가 되는 것이고

이러한 생성 원리 때문에

'품위'는 누군가가 대신 만들어 줄 수 없는 구조이므로

'품위'를 형성하는 건

오롯이 자신의 몫이 되는 것입니다.

공직자에게

품위는 더욱 중요합니다.

왜냐하면

「지방공무원법」 제55조(품위 유지의 의무)에 따르면

공무원은 품위를 손상하는 행위를 하여서는 아니 된다고 되어 있어

만약 공무원이 품위를 지키지 않을 경우

감사 처분을 받을 수 있기 때문입니다.

그런데 품위라는 것이

명확한 기준점이 없이 모호한 까닭에

술을 먹다 조그만 다툼이 있었던 사소한 경우도

협박이나 사기와 같은 심각한 경우도

모두 품위 유지의 의무 위반에 해당하는데요.

말 그대로 코에 걸면 코걸이

귀에 걸면 귀걸이가 될 수 있는 지적이 바로

품위 유지의 의무 위반인 것입니다.

그렇다면

품위 유지의 의무 위반 사례를 살펴볼까요.

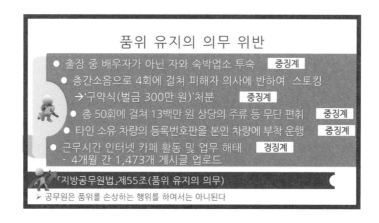

출장 중 배우자가 아닌 자와

숙박업소에 투숙했던 공무원은

중징계를 받았습니다.

비록 간통죄는 사라졌지만

간통은 잘못되었다는 인식이
여전히 사람들의 의식에는 확고한 데다
출장 중이었으니
그 사정이 고려된 결과이겠지요.

50회나 외상 술을 마시고
천 3백만 원 상당의 술값을 결제하지 않았던 공무원도
중징계를 받았고
타인 소유 차량의 등록 번호판을
본인 차량에 부착하여 운행하던 공무원도
중징계 처분을 받았습니다.

그리고 근무시간에 인터넷 카페 활동을
아주 활발히 했던 공무원 역시 경징계 처분을 받았는데요.

이분이 4개월간 근무시간에 올린 게시글이
자그마치 1,473개나 되었습니다.

이런 것을 보면
요즘은 정말 일탈의 유형이
다양해지는 느낌입니다.

층간소음으로 4회에 걸쳐

위층에 올라가서 문을 두드리며
조용히 해달라는 말을 했던 공무원은

스토킹으로 검찰에서 '구약식(벌금 300만 원)' 처분을 받았고
추가로 중징계 처분까지 받았습니다.

아마 이걸 본 분들은
"어머~ 어떻게 공무원이 스토킹을 했어~" 하실지도 모르나
스토킹이 그리 대단한 것이 아닙니다.

그 의미를 모르면
여러분 자신도 알지 못한 채
스토킹으로 처벌받을 수도 있으니
반드시 알아두시기를 바랍니다.

스토킹 행위는
상대방의 의사에 반하여 정당한 이유 없이
아래의 행위를 하는 것을 의미합니다.

① 접근하거나 따라다니거나 진로를 막거나
② 기다리거나 지켜보거나
③ 글, 영상, 물건을 도달하게 하거나
④ 물건 등을 두거나 훼손하거나

⑤ 제3자에게 정보 제공, 배포, 게시하거나

《시네마천국》이란 영화 기억하시나요?

제가 너무 좋아해서
지금까지 열 번도 넘게 본 영화인데요.

이 영화에서 주인공 토토는
첫눈에 반한 엘레나의 집 앞
엘레나의 방 창문이 잘 보이는 곳에서
매일 저녁 창문이 열리기를 기다리지요.

이 아름다운 장면이
엘레나가 원하지 않았다면
스토킹이 되는 겁니다.

고맙다고 조그만 선물을 책상에 가져다 놓는 것도,
정성스레 쓴 손 편지를 전하는 것도,
걱정이 되어서 퇴근길에 따라가 보는 것도,
상대방이 원하지 않으면
모두 스토킹 행위가 되는 것이지요.

이 스토킹 행위가

지속적 또는 반복적으로 이어지면

그게 바로 스토킹 범죄가 되는 것입니다.

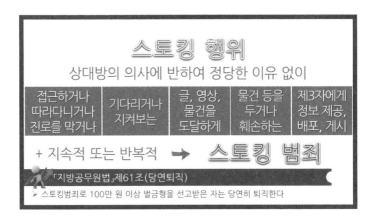

위 사례로 유추해 보았을 때

지속 또는 반복에 대한

법원의 판단 기준은 4회가 부합하는 것이오니

이 또한 유념하셔야 합니다.

그리고 무엇보다

「지방공무원법」 제61조(당연퇴직)에 따르면

스토킹범죄로 100만 원 이상 벌금형을 선고받은 자는

당연히 퇴직한다고 명시되어 있다는 것을 잊지 마시기 바랍니다.

스토킹범죄로 처벌을 받으면

징계로 끝나는 것이 아니라

공무원직을 잃을 수도 있다는 것입니다.

층간소음 때문에 위층에 4회 올라가서
문을 두드렸다고 벌금 300백만 원 처분을 받을 정도이니
스토킹범죄에 대해 법원이 얼마나 엄격한 잣대를 가지고 있는지는
충분히 유추할 수 있을 터이니
부디 조금이라도 상대방 의사에 반할 여지가 있다면
하지 않는 게 현명하지 않을까 생각해 봅니다.

세상이 갈수록 팍팍해지고
낭만이라는 것도 정이라는 것도
더 이상 세상에 남아있지 않구나 라고 생각되어도
어쩌겠습니까.

규정이 그리되어 있으니
어쩔 수 없는 노릇입니다.
로마에 가면
로마법을 따라야 할 테니까요.

1부에서의 일반 공직자 여러분 대상의
감사 관련 이야기는 여기까지입니다.

감사에 대한 이해도가 쑥쑥~ 올라가는

시간이었길 희망해 봅니다.

감사 지적을 받지 않으면
이상적이겠지만
삶이란 건 자기 마음대로 되지 않는
미지의 영역 아니겠습니까.

그러니 부디
감사를 받게 되거나
감사 지적을 받게 되었을 때
이 책이 여러분에게
쫄지 않도록
그리고 현명하고 신속하게 대처할 수 있도록 하는
나침반 역할을 담당했으면 좋겠습니다.

그리하여 공직자 여러분 그 누구도
억울하거나 사실과 다르게
감사 처분을 받지 않기를 바랍니다.

2부에서는
감사를 실시하는 감사관을 대상으로 하는
감사 잘하는 방법에 대한 이야기를 해보겠습니다.

2부

—

감사 잘하는 방법

더 나은 감사관 되기

남을 이기는 것은 힘이 있는 것이고,
자기를 이기는 것은 강한 것이다.

-《도덕경》

1장 감사에 임하는 자세

제가 처음 감사를 하던
초창기 시절,
문답을 받아야 할
감사 지적 사항이 있어서
관계자를 불러 첫 문답을 받았는데요.

이분이
그러시는 겁니다.

"감사관님, 제가 심장이 약해서
  조금만 생각하고 답을 해도 될까요?"

그러면서 5분 동안
어깨를 들썩이며 호흡을 고르시고
다시 답하는 식으로
문답이 진행되다 보니

문답은 거의 4시간을 넘어갈 정도로 오래 걸렸습니다.

도중에 눈물도 흘리시고
징계를 받는 거냐며 걱정하시는 모습이
영 마음에 걸리더라고요.

그렇게 문답이 끝나고
징계 처분을 해야 할 때 들었던 생각이
'이분이 징계를 받으시고 혹여나
  잘못된 선택을 하면 어쩌지?'였습니다.

그만큼 심약해 보였고
극도로 불안해 보였기 때문에
도리어 감사 대상자가 걱정되었던 것이지요.

그래도 어쩔 수 없었습니다.

분명 의도적이고 명확한 잘못이 있었던 까닭에
징계 처분을 하지 않을 수가 없었지요.

그런데 감사위원회가 열리던 날
저는 깜짝 놀라지 않을 수 없었습니다.

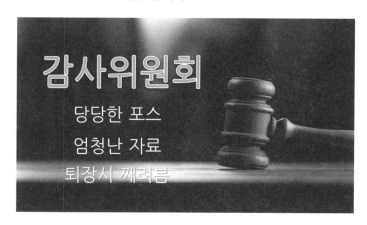

감사위원회에 출석한 그분은
자료 준비도 산더미처럼 해 오셔서는
위풍도 당당하여 자신감이 흘러넘치는 것이
문답 받을 때의 모습은 찾아볼 수가 없었거든요.

같은 사람이 맞나 싶을 정도로
확연히 달라진 모습에 의아해하고 있는데
의견진술이 끝나고 감사위원회장을 나서면서
저를 째려보고 가시는데
몇 년이 지났지만

그때 그 눈빛은 여전히 잊을 수가 없을 정도였습니다.

감사관들은 이점을 절대 잊지 않으셔야 합니다.

감사 대상자의 약한 모습을 보거나

딱한 사정을 듣게 되면

마음이 약해질 수밖에 없습니다.

연약한 사람이니 어쩔 수가 없어요.

하지만 감사 대상자는

두 얼굴을 가지고 있습니다.

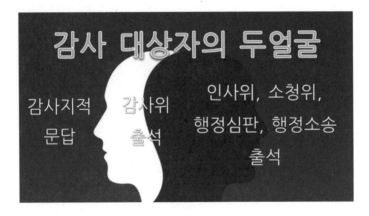

감사지적을 하고 문답 받을 때까지는

고분고분하고 예의 바르며 심약한 모습을 보이지만

이후 감사위원회에 출석했을 때,

그리고 인사위원회, 소청위원회, 행정소송에서

마주했을 때는

강인하고 적대적이며 전투적으로 변하게 됩니다.

이 또한 어쩔 수가 없어요.

본인에게 징계를 준다는데
어느 누가 저항 없이 달게 받겠습니다~ 할까요?
그건 불가능할 겁니다.
그러니 더 전투적이고,
적대적일 수밖에 없습니다.

그렇다고 '이 나쁜 녀석들~ 혼내주겠어~'라는 생각으로
독하고 모질게 마음을 먹는 건 반대입니다.

왜냐하면 감사 결과가
열심히 일한 개인에게 씻을 수 없는 상처가 되기도 하고
한 가정을 무너트릴 수도 있으며
잘못된 선택을 할 수 있는 단초를 제공하기도 하니까요.

생각해 보십시오.

휴대폰을 백만 개 만들면
불량 한두 개는 시장에 출시됩니다.

정말 작은 확률일지 모르나
그 불량품을 사게 된 사람의 불량률은
100퍼센트가 되는 것이지요.

전혀 관계없다고 생각하며 신경도 안 쓰던 일이

자신의 일이 되어 버리면

아무리 작은 일도 완전 심각하게 다가오기 마련이니까요.

2023년에는 우리나라에서

교통사고로 사망한 사람이 무려 2,551명이나 됩니다.

하지만 자신과 관계된 이가 해당되지 않으면

대부분의 사람들은 너무 많은데? 하면서 그냥 넘어가지만

자신의 가족이나 지인이 그런 일을 당하게 되면

세상이 무너지는 느낌일 테지요.

그러므로 감사 결과 하나가

감사 대상 공무원의 인생을

송두리째 앗아갈 수도 있다는 점은

감사하는 내내 잊지 않으셔야 합니다.

따라서 공감하는 자세는
감사관에게 필수 덕목입니다.

흔히 감사관은
감사를 하는 사람이라 생각하는데요.
감사관은 감사뿐만 아니라
감사 관련 상담을 해주는 역할도 함께 담당합니다.
잘 들어주고, 제대로 된 방향을 제시해 줄 수 있는 역량도
필요합니다.

그리고 무엇보다 저는
감사관이 행정의 책임성과 신뢰도를 향상시키는
사람이 아닐까 하는 생각을 해봅니다.

감사를 통해 잘못된 점을 발견하고

그로인해 개선되면 공무원들은 더 이상
잘못된 행정 처리를 하지 않게 되면서
국민들은 행정을 더 신뢰하게 만들 터이니 말입니다.

그래서 감사관들은
감사를 아주 잘하셔야 합니다.
열심히도 해야 하지만 잘 하셔야 해요.

나무만 보지 말고 숲을 보는 노력을 기울이면서

지적을 위한 지적이 아니라 원인을 정확히 짚어
재발을 방지할 수 있도록 하는 것이
감사관의 진정한 역할입니다.
제대로 원인을 짚지 못하면
동일한 잘못은 반복되기 마련입니다.
사고가 나는 곳에서 또 사고가 나고

2부 · 감사 잘하는 방법

불이 난 곳에서 또 불이 나기 마련이니까요.

당당하고
담대하게
세심하게

그러니 감사관은 항상 당당하고 담대하게 감사에 임하면서
세심하게 사정을 살피는 노력도 게을리해서는
안될 것입니다.

남에게 벌주고
욕을 듣는 걸 좋아하는 사람은 없을 겁니다.
하지만 누군가는 해야 할 일이니
그렇다면 내가 제대로 해봐야겠다는
마음을 먹는다면 좋을 것 같습니다.

그럼, 다음 장에서는
감사기구의 종류와 감사 관련 법령에 대해
알아보는 시간을 갖도록 하겠습니다.

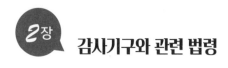

2장 감사기구와 관련 법령

얼마 전 눈이 많이 내렸던 어느 날
재밌는 장면을 목격했습니다.

내리쬐는 햇빛 덕에
대부분의 눈은 다 녹아 버렸지만

근처에 세워져 있는
차의 그늘에 있던 눈은 여전히 남아 있더군요.

2부 · 감사 잘하는 방법

손이 직접 닿지는 않았지만
만들어진 그늘이 눈을 지켜주고 있었던 것입니다.

이렇듯 세상에는
직접 처리할 수도 있고
간접적으로 처리할 수도 있는 경우가
더러 있는데요.
감사기구 또한 그런 경우 중 하나입니다.

현존하는 감사기구는
독임제와 합의제로 양분합니다.

감사조직이 행정감사를 실시하면
지자체장이 감사 결과를 전결 처리하는 독임제 감사기구와
변호사, 회계사, 교수 등 외부 전문가들로 구성한
감사위원회를 통해 감사 결과를 의결하여 처리하는
합의제 감사기구로 말이지요.

그래서 아무리 지자체장의 하명으로
특정감사를 실시하였다 하더라도
합의제 감사기구 체계에서는
감사 결과를 감사위원회에 상정하여
심의 의결하는 절차를 반드시 거쳐야만 합니다.

독임제 감사지적 ➔ 내부심의 ➔ 기관장 방침 ➔ 감사결과 통보

➔ **기관장 전결로 처리**

합의제 감사지적 ➔ 내부심의 ➔ <small>경미한 사항</small> **위원장 전결** ➔ 기관장 ➔ 감사결과
　　　　　　　　　　　　<small>중요한 사항</small> **감사위 의결** 　　보고　　통보

➔ **감사위원회 심의 절차 추가**

이런 과정을 통해 감사 행정의 공정성을
확보하기 위한 제도가 바로
합의제 감사기구인 것이지요.

어떤 제도든
장점과 단점이 공존하기 마련이니
양 감사기구도 마찬가지입니다.

먼저 여전히 감사기구의 대부분을 차지하는
독임제 감사기구는
책임성이 강화되고, 신속한 처리가 장점입니다.

감사에 대한 책임을 지자체장이 지므로
더 큰 부담을 안고 결정을 내리게 되니
책임성이 자연스레 강화될 것이고

별도의 절차 없이
지자체장이 감사 결과를 전결 처리하므로
감사에 대해 신속한 처리를 할 수 있습니다.

대신 작위적 처리를 하는 약점이 있기에
공정성 측면에서 공격받기 딱 좋습니다.

반면에 합의제 행정기구는
공정성이 강화됩니다.

변호사, 회계사, 교수 등으로 구성한
외부 민간 전문가들이 감사위원회를 통해
심의 의결하여 감사 결과를 처리하므로
자연스레 공정성은 담보된다 할 것입니다.
게다가 감사위원회의 가장 큰 장점 중 하나인
감사관의 부담이 경감됩니다.

처벌하는 걸 좋아하는 사람이 누가 있겠습니까.

그래서 감사지적을 한 감사관은
아무리 잘못된 걸 지적했다 하더라도
부담을 가질 수밖에 없는 구조인데 감사위원회에서
외부 전문가들의 검증을 거쳐서

처벌하게 되면
나중에 내외부에서 비난과 공격을 받더라도
감사위원회의 결정 사항이라고 말하면 되니
얼마나 부담이 덜하겠습니까.

하지만 합의제 행정기구에도
장점만 있지는 않습니다.

독임제에서는 없었던 새로운 절차가 추가되니
감사관들의 업무량은 증가하고
감사 결과의 처리기간은 지연되기 마련입니다.

거기다 외부 전문가는 말 그대로
외부 인원이므로
감사 결과에 대한 책임성도
독임제에 비해 현저히 떨어지기 마련이겠지요.

감사기구의 종류별 장단점

독임제 감사기구	합의제 감사기구
➤ 책임성 강화	➤ 공정성 강화
➤ 신속한 처리	➤ 신중한 처리
➤ 공정성 약화	➤ 감사관 부담 경감
➤ 작위적 처리	➤ 책임성 약화
	➤ 처리기간 지연
	➤ 업무량 증가

2부 · 감사 잘하는 방법

그래서 어느 감사기구 형태가
더 좋다, 좋지 않다고 말할 수가 없습니다.

양쪽 모두 장점과 단점을
고루 가지고 있기 때문입니다.

그러함에도 어떤 형태를 띠는 감사기구든
감사 관련 근거 법령은 동일합니다.

「지방자치단체에 대한 행정감사규정」이
가장 오랜 역사를 가지고 있는데요.

1962. 3. 10. 제정되었기에
시대적 변화를 반영하지 못한 것도 있고
중앙부처 또는 특별시장, 광역시장, 도지사가
실시하는 감사에 초점을 맞춘 규정이므로
사각지대가 많을 수밖에 없습니다.

소속 부서나 직속기관과 같은 산하기관에 대한 감사와
기초지자체에서 실시하는 감사에는
본 행정감사규정을 근거로 할 수가 없다는 것이
가장 큰 사각지대입니다.

그래서 2010. 3. 22. 「공공감사에 관한 법률」 및 시행령을
새롭게 제정합니다.
해당 법률은 사실상
모든 감사기구가 실시하는 자체 감사의 근거가 됩니다.

그런데 완전무결한 것은 세상에 없듯이
해당 법률에서 제대로 다루지 못하고 있는
자체 감사활동의 일반적 준수 사항에 대해
감사원이 규칙을 만들게 되는데요.

그것이 바로 2010. 12. 17. 제정된
「중앙행정기관 및 지방자치단체 자체 감사기준」 입니다.

물론 그 과정에서 1999. 8. 28. 감사원이 제정한
「공공감사기준」도 있지만
해당 규정은 타 근거 법령과 대부분 중복이기 때문에
참고만 하시면 될 듯합니다.

감사 근거 법령에 대해
세세하게 조문별로 설명을 해드리면 좋겠지만
지면 관계상 생략을 하고
실수하기 쉽지만 매우 중대한 사항 하나만 짚어드리면,

여러분이 감사하는 도중에
심각한 위법 부당 사항을 발견했는데
얼마 지나지 않아 징계시효가 끝나는 경우는
어떻게 해야 할까요?

감사 기간이 끝나고, 심의 절차를 거치게 되면
징계시효가 도과되는 건 불을 보듯 뻔한데
가만히 지켜봐야 할까요?

운 좋네~ 하면서 넘어가야 할까요?

아닙니다.

「공공감사에 관한 법률」 제24조에는
징계 또는 문책 사유의 시효를 정지시킬 수 있는
근거 규정을 마련하고 있거든요.

그러니 해당 사실을 인지하면 즉시
'조사개시'통보를 해야 합니다.

일단 '조사개시'통보를 하고 나면
관련 사건에 대해서는 감사가 끝나고 처분을 통보받은 날부터
1개월이 경과한 날까지 시효가 정지됩니다.

다만 '조사개시'를 할 때에는

어떤 사건에 관해서인지

어떤 사람을 대상으로 하는지

세부적으로 특정해야만 합니다.

그 내용이 명시된 공문을

감사 대상 기관에 통보해야 하는 것이지요.

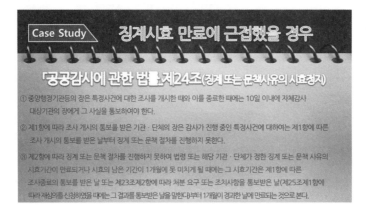

Case Study | 징계시효 만료에 근접했을 경우

「공공감사에 관한 법률」제24조(징계 또는 문책사유의 시효정지)

① 중앙행정기관등의 장은 특정사건에 대한 조사를 개시한 때와 이를 종료한 때에는 10일 이내에 자체감사
대상기관의 장에게 그 사실을 통보하여야 한다.

② 제1항에 따라 조사 개시의 통보를 받은 기관·단체의 장은 감사가 진행 중인 특정사건에 대하여는 제1항에 따른
조사 개시의 통보를 받은 날부터 징계 또는 문책 절차를 진행하지 못한다.

③ 제2항에 따라 징계 또는 문책 절차를 진행하지 못하여 법령 또는 해당 기관·단체가 정한 징계 또는 문책 사유의
시효기간이 만료되거나 시효의 남은 기간이 1개월에 못 미치게 될 때에는 그 시효기간은 제1항에 따른
조사종료의 통보를 받은 날 또는 제23조제2항에 따라 처분 요구 또는 조치사항을 통보받은 날(제25조제1항에
따라 재심의를 신청하였을 때에는 그 결과를 통보받은 날을 말한다)부터 1개월이 경과한 날에 만료되는 것으로 본다.

그 외의 조문 내용은

찬찬히 읽어보시면 대부분 명확하게 되어 있어

별도의 이설이 없을 것입니다.

만약 아무리 연찬해도

해결이 되지 않는 부분이 있다면

언제든지 이메일(pluto411@naver.com)을 통해 질의를 주시면

시간이 허락하는 범위 내에서 최대한 신속하고 자세하게

답변을 드리도록 하겠습니다.

그럼, 다음 장에서는
감사 절차를 따라가 보면서
하나하나 살펴보는 시간을 갖도록 하겠습니다.

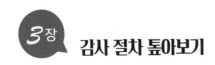

3장 감사 절차 톺아보기

어떤 일의 절차를 안다는 것은
지금 어떤 단계이고 무엇을 해야 하며
다음 단계를 위해 무엇을 준비해야 하는지를 안다는 의미이기에
일의 절차를 아는 건 정말 중요합니다.

그래서 이번 장은
감사 절차 톺아보기로 정했습니다.

톺아보기는 순우리말로
샅샅이 훑어가며 살핀다는 의미가 있기에
일반적인 감사의 절차를 따라가 보면서
단계별 근거와 필요한 사항들을
세세하게 살펴보자는 뜻입니다.

일반적으로 합의제감사기구의 감사는
아래의 순서대로 진행합니다.

일반적인 감사 절차

감사계획 수립 — 감사자료 수집 — 본 감사 — 감사 위원회 — 감사결과 통보 — 징계의결 요구 조치결과 보고

감사계획 통보 — 사전 조사 — 감사결과 지적사항 심의회 — 감사결과 보고 — 재심의 — 감사결과 공개

Step1 감사계획 수립

첫 번째 단계는
감사계획 수립입니다.

감사계획은 크게
연간감사계획과 자체감사계획으로 나뉩니다.

매년 말 감사원 등 외부감사 기관과
자체 감사의 대상이 되는 기관들과의 사전 조율을 통해
차기년도 1년간의 감사계획을 수립하는 것이
연간감사계획이고

실제 감사를 실시할 때

감사 대상 기관의 장에게 통보하기 위해

구체적으로 계획을 수립하는 것이

자체감사계획입니다.

근거 법령은

「공감법 시행령」과 「행정감사규정」입니다.

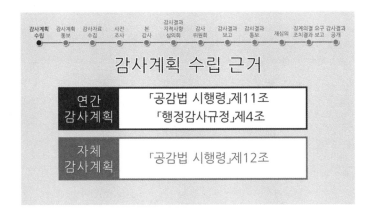

감사계획 수립근거

연간감사계획은 한 해 동안 시행하는

자체 감사 전체를 포함해야 하지만

자체감사계획은 실제 감사를 실시하는

대상기관을 특정하여 계획을 수립하기에

연간감사계획은 조금 계략적으로 수립하는 반면

자체감사계획은 구체적으로 수립해야 하는 차이가 있습니다.

그리고 근거 법령에는

감사계획 수립 시 포함해야 할 사항도 정해 놓았는데요.

연간감사계획에는

감사사항, 감사의 목적 및 필요성,

감사의 종류와 감사 대상기간 또는 대상부서,

감사의 범위, 감사 실시 기관과 인원,

그밖에 감사에 필요한 사항이 포함되어야 하지만

자체감사계획에는

감사의 목적 및 필요성, 그밖에 감사에 필요한 사항은

제외해도 무방합니다.

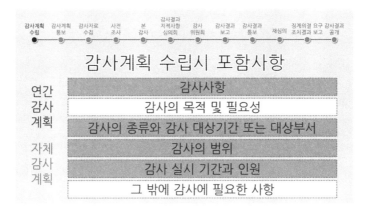

감사 사항은 무엇에 대해 감사를 하겠다는 것인데

이는 감사의 범위와 중복의 느낌이 강하기에

종합감사에서는 특별히 고려하지 않아도 될 부분이고,

감사 대상 기간은
종합감사의 경우는 일반적으로 3년으로 지정하고
특정감사의 경우는
감사 성격에 맞게 필요한 기간을
설정하면 됩니다.

아울러 감사의 범위는
실제 감사를 할 대상 사무들을
계략적으로 설정하면 되고,

그 밖의 사항은
해석에 크게 무리가 없을 것이라
설명은 생략하도록 하겠습니다.

Step2 감사계획 통보 〰〰〰〰〰〰

감사계획이 수립되었으면
감사 대상 기관에 통보해야 합니다.

연간감사계획은
「행정감사규정」 제5조(감사계획의 통보)에 따라
올해 감사를 실시하는 기관뿐만 아니라

모든 감사 대상 기관에
매년 1월 31일까지 통보해야 합니다.

자체감사계획은
「공감법 시행령」 제12조(감사 대상기관 등에 대한 감사계획의 통보)에 따라
감사 예정일 7일 전까지
해당 감사 대상 기관에 통보해야 합니다.

물론 예외 없는 원칙이 없듯이
신속히 감사를 하여야 할 긴급한 사정이나
감사의 실효성을 거두기 위하여 부득이한 경우는
감사계획 통보를 생략할 수 있기는 합니다.

그런데 되도록
감사계획은 반드시 통보하시길 권하는데요.

나중에 다툼이 생겨
법정 소송에 돌입하게 되면
절차적 흠결이 될 수도 있습니다.

부득이한 사유에 해당 여부를 다툴 수도 있는
경우가 발생할 수도 있으니
애초에 그런 논쟁의 소지는
만들지 않으시길 권고드립니다.

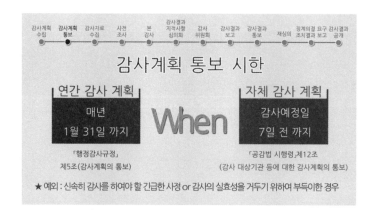

그리고 감사계획을 통보하는 대상은

감사 대상 기관의 감사부서가 아니라

자체 감사 대상기관의 장이라는 걸 잊지 않으셔야 합니다.

그래서 공문을 생성하여 통보할 때는

해당 부분을 유념하시어 수신처를 지정하시길 바랍니다.

다만, 자체감사 대상기관이

자체감사기구가 소속된 기관인 경우에는

자체감사 대상부서의 장에게 자체감사계획을 통보하면 됩니다.

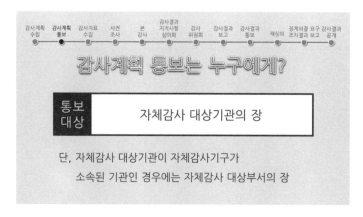

Step3 감사자료 수집 〰〰〰〰〰〰〰

다음 절차는 감사자료 수집입니다.

제대로 된 감사를 하려면

제대로 된 자료 수집이 필수적이겠지요.

일반적으로 자체감사계획을 통보하면서

분야별 감사자료를 제출하도록 합니다.

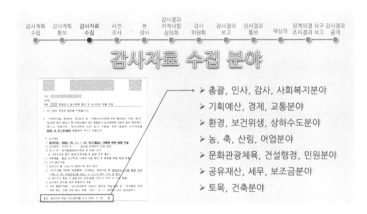

그런데 이 자료들은

말 그대로 요리를 위한 기초재료들입니다.

어떤 요리를 할지를 정하려면

기술이 필요할 텐데요.

모방이 최고의 창조라는 말처럼

다른 감사관들이 기존에 지적했던 감사 결과를

연찬하면 기술 습득에 많은 도움이 됩니다.

그런 자료들이 있는 대표적인 곳이 바로

감사원 홈페이지입니다.

감사원 홈페이지에 접속하시면

감사 결과를 상세하게 정리해 놓은 데다가

감사 분야별로 찾아볼 수도 있는 메뉴가 있어

요긴하게 활용하시면 좋을 것 같습니다.

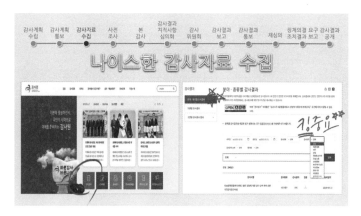

이렇게 남들이 감사해 놓은 것도 보고

스스로 고민도 하는 과정을 거치면서

서서히 전문 감사관으로 변모하게 되는 것이오니

너무 급하게 마음먹고

서두르진 마시길 바랍니다.

처음부터 감사를 잘하는 사람은

한 번도 본 적이 없으니까요.

자료 수집을 하다 보면 가끔
「공공기관의 정보공개에 관한 법률」 제9조(비공개 대상 정보)에 따라
자료 제출을 거부하는 곳이 있는데요.

해당 법률은 대국민 대상이고,
국회, 지방의회, 감사 등에는 적용되지 않는다는 판례가 있으니
설명을 잘하시길 바랍니다.

그래도 끝까지 제출을 못 하겠다 하는 곳이 있으면
「공공감사에 관한 법률」 제41조(과태료)에 따라
과태료를 처분하시길 바랍니다.

만약 자료 제출 거부를 그냥 넘어가게 되면
어느 누가 민감한 자료들을 제출하려 하겠습니까?

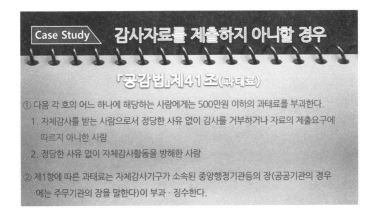

Case Study ▷ **감사자료를 제출하지 아니할 경우**

「공감법」제41조(과태료)

① 다음 각 호의 어느 하나에 해당하는 사람에게는 500만원 이하의 과태료를 부과한다.
 1. 자체감사를 받는 사람으로서 정당한 사유 없이 감사를 거부하거나 자료의 제출요구에
  따르지 아니한 사람
 2. 정당한 사유 없이 자체감사활동을 방해한 사람
② 제1항에 따른 과태료는 자체감사기구가 소속된 중앙행정기관등의 장(공공기관의 경우
 에는 주무기관의 장을 말한다)이 부과·징수한다.

그러니 이런 경우는

절대 그냥 넘어가지 마시고

관련 법령에 따라 강력한 조치를 취하시길 권고드립니다.

Step4 사전조사 〰〰〰〰〰

자료수집까지 완료하면

실제적인 감사의 시작인 사전 조사인데요.

본감사 이전에

조사를 한다는 개념이지만

감사반장 없이 감사관들이

감사 대상 기관을 방문하여

실제 감사가 시작되는 단계라고 생각하면 됩니다.

실시 근거는

「행정감사규정」 제7조(사전조사 등)입니다.

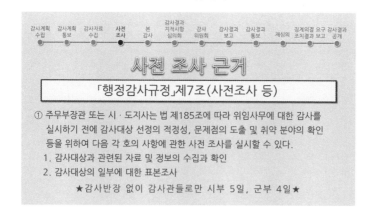

사전 조사는

지자체 종합감사와 같이

감사 대상의 범위가 방대할 경우만 실시하고,

직속기관, 사업소 등과 같은 내부조직 감사나

특정감사 등에는 생략하는 것이 일반적입니다.

그리고 중요한 것은

사전 조사도 실제 감사관들이 감사 대상 기관을 방문하여

감사를 실시하는 과정이므로

사전조사를 실시한다는 공문 역시

감사 대상 기관에 별도로 발송하여야 한다는 점

놓치지 않으시길 바랍니다.

Step5 본감사 ~~~~~~~~~~

사전 조사가 끝나면

다음은 본게임인 본감사입니다.

본감사도 실시 공문을 발송해야 합니다.

공문에는 「행정감사규정」 제7조(사전조사 등)에 따라

반드시 "중점 감사대상 목록"이 포함되어야 합니다.

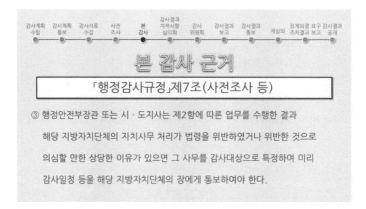

본 감사 근거

「행정감사규정」제7조(사전조사 등)

③ 행정안전부장관 또는 시·도지사는 제2항에 따른 업무를 수행한 결과 해당 지방자치단체의 자치사무 처리가 법령을 위반하였거나 위반한 것으로 의심할 만한 상당한 이유가 있으면 그 사무를 감사대상으로 특정하여 미리 감사일정 등을 해당 지방자치단체의 장에게 통보하여야 한다.

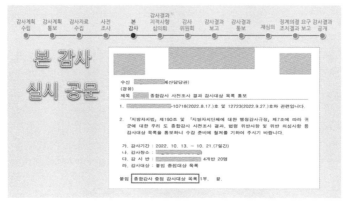

본 감사
실시 공문

제가 계속
근거 법령과 유의할 점을 말씀드리는 이유는
감사는 법정사무이기 때문입니다.

그러하기에 누군가를 지적하거나
특정 사업을 지적해야 하는 감사 행정이
절차적 흠결을 가진다면

2부 · 감사 잘하는 방법

스스로 신뢰도와 공정성을 훼손시키는

자승자박이 될 것이니

다른 행정 사무보다

더 엄격하게 절차와 과정을 준수하시길 권고드립니다.

그리고 본 감사에 들어가면

시간에 쫓겨 정신없이 흘러가기에

큰 흐름은 머릿속에 그려두시는 게 좋습니다.

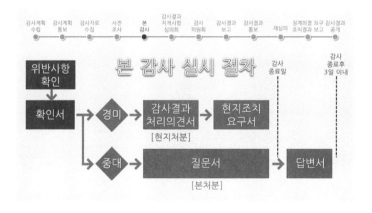

일단 위반 사항을 확인하고 나면

확인서를 작성하는 것이 첫 번째입니다.

그러나 확인서를 작성한다고

모두 처분으로 이어지는 것은 아닙니다.

확인서에는 발급 번호도 감사반장의 도장도 포함되지 않기 때문에

말 그대로 위반 사항을 확인하는 단계가 바로 확인서입니다.

확인서를 발부해서 대상 기관 부서장의 확인을 받은 후에
처분을 해야겠다 싶으면
그다음 단계는 현지처분과 본처분에 따라 나뉘게 되는데요.
지적 사항이 경미할 경우
감사반장 전결로 현지처분을 하게 되고,
감사 결과 처리의견서에 이어 현지 조치 요구서까지
감사 기간 내에 발부를 완료해야 합니다.

경미한 지적 사항인 만큼
처분 수위도 신분상, 재정상 처분이 아닌
행정상 처분이 대부분입니다.
하지만 사안이 중대할 경우는
본처분으로 이어지게 되고,
이 경우는 질문서 발급이 뒤따르는데
질문서에는 발급 번호도 적시되고,
감사반장이 날인을 하여 발급되므로
질문서부터가 본격적인 지적의 시작입니다.

감사 기간 내에 질문서를 발부하고 나면
일반적으로 감사 종료 후 3일 이내에
감사 대상 기관으로부터 답변서를 받는 식으로 진행됩니다.

실제 확인서와 질문서의 내용은
거의 동일하다 싶을 정도로 유사합니다.

단 하나의 차이가
질문서에는 확인서에 포함되지 않는
해당 지적 사항에 대한
발생 원인, 해결 방안, 관련자들의 책임 순위 등의
질문 목록을 적시한다는 것입니다.

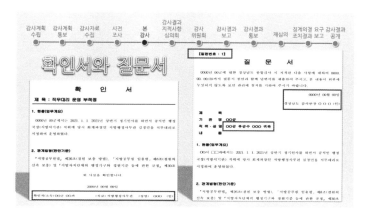

이런 질문이 들어가 있으니
서식의 이름이 질문서가 되었겠지요.

확인서와 질문서의 근거는
「행정감사규정」, 「자체감사기준」 등
여러 법규에서 찾아볼 수 있습니다.

그런데 요즘 보면

감사관이나 감사 대상자 양쪽 모두

연령이 많이 젊어졌고, 세상이 급격히 변하다 보니

확인서나 질문서를 발부하고

도장을 찍어주네 마네 하면서

소란이 나는 경우가 종종 있습니다.

그래서 감사 대상자들이

딴소리를 못 할 정도로

명확하게 잘못된 점을 지적할 필요가 있는데요.

이럴 때 제가 사용하는 방법을

하나 알려드리도록 하겠습니다.

　　　　　　　　　　　2부 · 감사 잘하는 방법

이름하여 스마트하게 확인서를 발부하는 방법인데,

일단 위반 사항을 발견하셨을 때

바로 확인서를 발급하지 마시고

대상자에게 비공식적으로 문서를 하나 전달하는 겁니다.

아래 그림과 같이 질의 및 자료 요구라는 명목으로

'이러이러한 잘못이 확인되었으니 소명해 주세요~'하는 겁니다.

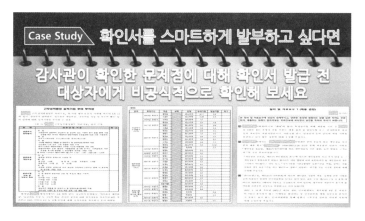

이 문서를 받으면 대부분의 감사 대상자들은

이렇게 반응합니다.

"이 부분까지는 잘못한 게 맞는데

  다른 부분은 잘못이 없습니다."

이런 반응이 돌아오면

대상자들이 잘못을 인정한 부분에 대해서만

확인서를 작성하는 겁니다.

이러한 과정을 거치면
확인서와 뒤에 이어지는 질문서에
별도의 이설이나 반박 자체를 하지 못하게 됩니다.

이것이 일종의
감사 요령이지요.

여러분도 그때그때
감사 자체에만 매몰되지 마시고
큰 그림과 방향에 대해 고민하다 보면
머지않아 본인만의 노하우를 터득하시게 될 겁니다.

이 외에도
본감사를 실시하다 보면
징계 사유에 해당할 정도로
중대한 위반 사항을 발견하게 되는 경우가 있는데요.
이런 경우 반드시 문답을 받으셔야 합니다.

관련 법령에 따라 문답을 받지 않고
징계 처분이 이루어질 경우
절차적 흠결이 될 수 있기 때문입니다.

변상책임, 징계(문책) 등을 처분할 때는

문답은 필요조건이 되므로

아무리 시간이 부족해도

징계의 가능성이 있는 위반 사항에 대해서는

반드시 문답을 받으시길 바랍니다.

그렇다면 누가 문답을 해야 할까요?

대부분 감사 지적을 하는 감사관이

직접 문답을 받으면 되지만

대상자가 4급 이상이거나 단체장일 경우는

5급 이상의 공무원이 문답을 받아야 합니다.

이건 법령에 별도의 규정이 있는 것이 아니라

일반적으로 지자체의 감사 관련 규칙에 포함된 사항으로

감사 대상자에 대한 예우 차원이라 할 것입니다.

그런데 최근에는
워낙 세상이 뒤숭숭하다 보니
문답을 받아야 하는 공무원이
적극적으로 방어권을 행사하는 추세인데요.
대표적인 것이
문답자가 변호사 대동을 희망할 경우입니다.

문답할 때
변호사를 대동해도 되냐고 물어올 경우
감사관은 당황할 수밖에 없는데요.
변호사 대동을 막을 법령적 근거는 없습니다.
그렇다고 변호사를 대동할 수 있는 법령적 근거도 없습니다.

무슨 말이냐 하면
변호사 대동에 대해 가타부타 명문화된 규정 자체가 없다는
의미입니다.

이럴 때는
문답은 관계자의 책임소재와 한계를 규명하고,
행위의 동기, 배경 또는 변명을 듣기 위하여 실시하는 것이므로
변호사 대동은 가능하나

관계자가 아니므로 변호사의 직접적인 발언권은

허용할 수 없다고 안내하시면

대부분 변호사 대동을 하지 않으시더라고요.

참고하시기 바랍니다.

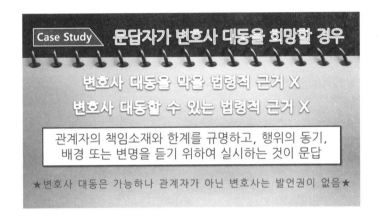

Step6 감사결과 지적사항 심의회

이렇게 본감사가 끝나고 나면

본처분 사항들에 대한

감사 결과 지적 사항 심의회를 개최합니다.

모든 감사기구에 해당되는 내용은 아니고

합의제 감사기구에서만 운영되는 위원회이기에

법률상의 근거는 없지만

합의제 감사기구별로 규칙에 근거를 명시하는 것이 대부분입니다.

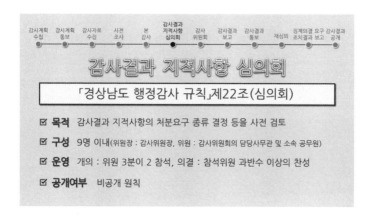

감사 결과 지적 사항 심의회는

감사위원회 상정 전에 개최되는

내부 위원회로

감사위원장과 감사반장 등으로 구성된

내부 인원들이 처분 요구의 종류, 처분 양정의 적정성 등을

검토하고 조율하는 절차를 추가함으로써

감사의 완성도를 높이기 위한 과정입니다.

Step7 감사위원회

감사위원회는 감사 결과를 통보하기 위한

처분 요구의 종류, 처분 양정 등을

실제로 결정하는

감사행정의 절대적인 위상을 가진 위원회입니다.

「공공감사에 관한 법률」 제5조(자체감사기구의 설치) 제2항 및
같은 법 시행령 제4조(합의제감사기구의 구성과 운영 등) 등에 따라
설치할 수 있습니다.

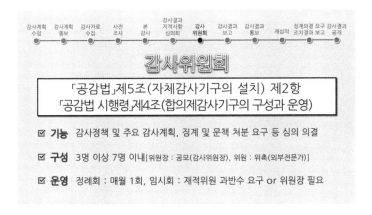

감사위원회에 대해서는
앞 장에서 이미 상세하게 설명하였기에
넘어가도록 할 텐데요.

독임제와 합의제
양쪽 모두를 경험해 본 사람으로서
어느 한쪽이 더 낫다고 말하기는 상당히 어렵습니다.
하지만 둘 다 명확한 장단점을 가지고 있기에
지자체장의 의지에 따라
어느 한쪽의 감사기구를 선택해도

크게 문제가 되지 않는다는 점은 확실합니다.

Step8 감사결과 보고 〰〰〰〰

합의제 감사기구임에도
감사위원회가 종료되고 나면
신기하게도 지자체장에게 감사 결과를 보고해야 합니다.

보고 시한에 대해서는
감사기관별로 상이하겠지만
경상남도 감사위원회의 경우
특별한 사정이 없으면
감사가 종료된 날부터 60일 이내에 보고해야 합니다.

물론 예외 조항도 있어
해당 기간 다른 감사를 하는 등의 사정이 있으면
보고기한은 30일 연장할 수 있습니다.

그러니까 무슨 일이 있어도
감사가 종료되고 90일 이내에는
감사기구가 속한 기관의 장에게
감사 결과를 보고해야 하는 것이지요.

감사결과 보고 내용 및 시한

「경상남도 행정감사 규칙」제24조(감사결과 보고)

➢ 특별한 사정이 없으면 감사가 종료된 날부터 60일 이내 감사결과 보고

  1. 감사대상기관 2. 감사 실시 기간 3. 감사반 편성 4. 중점 감사사항

  5. 지적사항 및 처분이 필요한 사항 6. 시정·주의 또는 개선이 필요한 사항

  7. 모범이 되는 사항 8. 그 밖의 특기사항

➢ 복무감사 : 감사가 종료된 날부터 20일 이내 보고

➢ 감사가 종료된 날부터 60일 이내 다른 감사를 하는 등 특별한 사유로
  30일의 범위에서 감사결과 보고기한 연장 가능

감사위원회까지 종료된 마당에

감사 결과야 바뀌지는 않겠지만

아마도 감사라는 영역 자체가

오래전부터 소속 기관장의 고유 권한이라는 인식이 강해

합의제 감사기구임에도 불구하고

해당 절차가 만들어지지 않았나 하고 추정해 봅니다.

그래서 합의제 행정기구이지만

하명에 의한 감사도 가능한 것일 테니 말이지요.

Step9 감사결과 통보

보고까지 끝나고 나면

10일 이내에 감사 대상 기관에 감사 결과를 통보해야 합니다.

감사위원회 의결 당일

그 결과에 대해 기관장에게 서면보고가 이루어지므로

보고일은 감사위원회 의결일로 해석해도

무방하겠습니다.

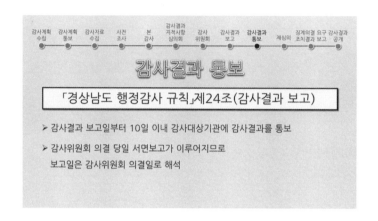

Step10 재심의

감사도 사람이 하는 것이기에

실수가 있을 수 있습니다.

기계가 아니니까요.

그런 까닭에

감사 결과가 위법 또는 부당하다고 인정할 때는

재심의를 신청할 수 있도록 절차를 마련해 놓았는데요.

재심의를 신청할 수 있는 자격은

처분을 받은 당사자가 아니라

감사 대상 기관의 장에게만 부여됩니다.

이는 무분별한 재심의 신청을 통한

행정력 낭비를 줄이기 위한 방편일 텐데요.

재심의 신청은 감사 결과 통보를 받은 날부터

1개월 이내에만 신청할 수 있고,

신청이 있은 날부터

2개월 이내 처리해야 합니다.

재심의 신청이

요건을 충족하지 못했을 경우는 각하,

이유가 없다고 인정될 때는 기각,

이유가 있다고 인정될 때는 감사 결과 취소 또는 변경을

하여야 합니다.

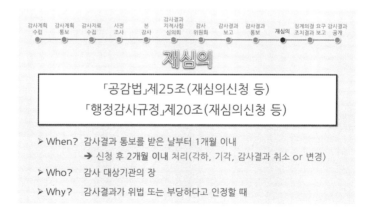

그런데 재심의에 대해서는
명확하지 못한 부분이 있는데요.

재심의 신청 요건이
감사 결과가 위법 또는 부당하다고 인정할 때인데
위법 또는 부당에 대한 구체적 기준이 없습니다.
그래서 그런지
요즘 들어 재심의 신청이 기하급수적으로
늘어나는 추세인데요.

앞에서 말씀드린 문장이
이러한 현상을 정확하게 설명해 주는 느낌입니다.

"남의 이유는 핑계 같았고,
 나의 핑계는 이유 같았다."

바로 서로에 대한 인정이 사라져 버린 결과가
초래하는 웃픈 현실이 아닐까 합니다.

감사관을 신뢰하지 못하고
감사행정을 신뢰하지 못하는 풍조 말이지요.
폭주한 재심의 신청 중
감사 결과가 취소된 건은 저는 아직 보지 못했으며,

감사 결과가 변경된 건 역시 미미하다는 사실을 기억하고
무조건적인 재심의 신청은 지양하는 편이
여러모로 좋을 듯합니다.
아울러 명확하지 못한 규정 때문에
일부 혼선이 있는 경우를 설명해 드리면

'통보'처분은 감사 대상 기관에 재량을 부여한 처분이므로
이행 여부는 감사 대상 기관의 판단에 따르게 되어 있어
해당 처분은 재심의 신청 대상이라 말하기 곤란합니다.

그리고 독임제 감사기구는 해당이 없겠지만
합의제 감사기구는 감사위원회가 심의하는 건과
보고만 받는 건이 구분되어 있으므로
감사위원회가 심의를 한 건에 대해서만
재심의 신청이 가능하다 할 것입니다.

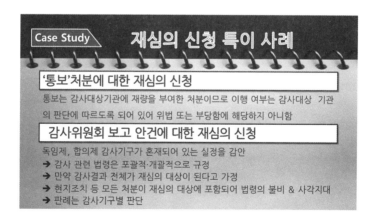

Case Study　　**재심의 신청 특이 사례**

'통보'처분에 대한 재심의 신청

통보는 감사대상기관에 재량을 부여한 처분이므로 이행 여부는 감사대상 기관의 판단에 따르도록 되어 있어 위법 또는 부당함에 해당하지 아니함

감사위원회 보고 안건에 대한 재심의 신청

독임제, 합의제 감사기구가 혼재되어 있는 실정을 감안
➡ 감사 관련 법령은 포괄적·개괄적으로 규정
➡ 만약 감사결과 전체가 재심의 대상이 된다고 가정
➡ 현지조치 등 모든 처분이 재심의 대상에 포함되어 법령의 불비 & 사각지대
➡ 판례는 감사기구별 판단

감사 지적을 받으면 화도 나고

열심히 일한 것이 부정당하는 느낌이라 기운도 빠질 테지만

막무가내식의 재심의 신청은

본인에게도 본인이 속한 기관에도

그리 좋지 못한 영향을 줄 수 있으니 신중하시길 바랍니다.

물론 억울한 분들도

분명 존재할 수 있습니다.

예전에 시군 감사 반장님이 전화가 와서는

심각하고 다급한 목소리로 질의를 했었습니다.

국고보조금에 매칭되는 지방비에 대한 감사를 했는데

큰일이 났다는 것입니다.

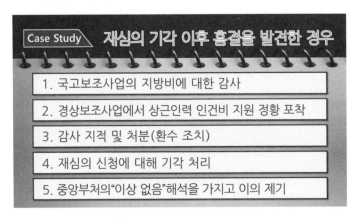

Case Study | 재심의 기각 이후 흠결을 발견한 경우

1. 국고보조사업의 지방비에 대한 감사
2. 경상보조사업에서 상근인력 인건비 지원 정황 포착
3. 감사 지적 및 처분(환수 조치)
4. 재심의 신청에 대해 기각 처리
5. 중앙부처의 "이상 없음" 해석을 가지고 이의 제기

지방예산과 국가예산은

그 구조와 집행기준이 명확하게 다르기에

아무리 매칭하는 지방비에 대한 감사를 했다 하더라도

그것을 지방예산의 기준으로 감사하는 것이

논리적으로 이해가 안 되었는데

다행히 감사 대상 기관에서 억울하여

재심의 신청을 하였다더라고요.

그래서 다행이다 싶었는데 그것을 기각해 버렸다네요.

결국에는 중앙부처의 문제 없다는 해석을 가지고

다시 이의제기까지 들어온 상황이니

감사부서가 스스로 자신의 권위를

훼손시키는 행위를 한 것이나 마찬가지였지요.

하지만 어쩌겠습니까.

이제라도 잘못된 걸 알았으면

하루빨리 바로 잡아야지요.

그래서 재심의 기각 이후 흠결을 발견한 경우에는

「행정감사규정」 제21조(직권 재심의)에 따라

직권으로 재심의하여 바로 잡는 방법이 있습니다.

Case Study　재심의 기각 이후 흠결을 발견한 경우

「행정감사규정」 제21조(직권 재심의)

주무부장관, 행정안전부장관 또는 시·도지사는 제18조에 따라 감사결과를 통보한 날부터 2년 이내에 증거서류 등의 오류·누락 등으로 그 처분요구나 조치사항이 위법 또는 부당함을 발견하였을 때에는 이를 직권으로 재심의할 수 있다.

문제를 모르는 것이 정말 문제이지
문제를 알면 순리대로 바로잡으면 되니까요.
혹자는 재심의했는데
또 재심의가 되느냐고 의문을 제기하는 분들도 있을 텐데요.

「행정감사규정」 제20조(재심의 신청 등) 제4호에 따르면 재심의 신청에
따라 재심의한 사안인 경우에는 각하를 하게 되어 있습니다.

이 말인즉슨 신청에 의한 재심의와 직권에 의한 재심의는
엄연히 다른 재심의라는 의미로 해석해야 마땅하니
위의 경우에는 직권 재심의로 시급히 바로 잡는 것이
옳은 방향일 것입니다.

Step11 징계의결 및 조치 결과 보고

감사 대상 기관은 감사 결과를 통보 받으면
징계 대상자에 대해 1개월 이내에 자체 인사위원회에
징계의결을 요구하여야 합니다.
그리고 징계의결 결과는 지체 없이
자체 감사를 한 감사기구에 보고하여야 합니다.

해당 결과가 처분 요구와 다르게

현저하게 부당하게 처리되었다고 판단될 때는

자체 감사기구에서 재심의 등 필요한 조치를 요구할 수도 있습니다.

제 식구 감싸기를 막기 위한

방편 중 하나이겠지요.

이와 함께 감사 대상 기관은

전체 감사 결과의 조치사항을 이행하고

그 이행결과를 자체감사를 한 감사기구에

60일 이내에 보고하여야 합니다.

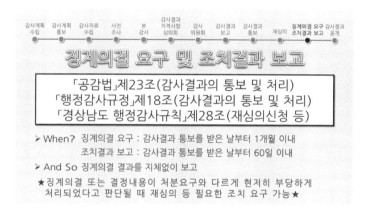

여기까지 하면

감사 대상 기관의 역할은 끝이 나고

이후에는

감사기구의 감사 결과 공개만이 남게 됩니다.

Step12 검사결과 공개 〜〜〜〜〜〜〜

감사한 결과를 공개하는 건
현장에서는 조금 부담스러운 일입니다.

언론이나 지역 주민들이
이목을 집중하고 있기에
언제든지 이슈의 중심이 될 수 있기 때문인데요.
그래도 어쩌겠습니까.

「공공감사에 관한 법률」 제26조(감사결과의 공개)에 따르면
감사 결과는 원칙적으로 공개한다고 되어 있기 때문에
공개해야만 합니다.

다만, 「공공기관의 정보공개에 관한 법률」 제9조 제1항 각호의
어느 하나에 해당하는 정보는
공개하지 않을 수 있다는
단서 조항 때문에 감사 결과 전체를
공개하지는 않고 있습니다.

감사계획 수립 / 감사계획 통보 / 감사자료 수집 / 사전 조사 / 본 감사 / 감사결과 지적사항 심의회 / 감사 위원회 / 감사결과 보고 / 감사결과 통보 / 재심의 / 징계의결 요구 조치결과 보고 / 감사결과 공개

감사결과 공개 근거

「공감법」제26조(감사결과의 공개)

➤ 감사결과는 원칙적으로 공개한다.

➤ 다만,「공공기관의 정보공개에 관한 법률」제9조 제1항 각호의
어느 하나에 해당하는 정보는 공개하지 아니할 수 있다.

생각해 보십시오.

공개 대상에 대한 명확한 기준도 없이
감사 결과 공개로 명시를 해 놨는데
어느 감사기구가 모든 감사 결과를 공개하겠습니까.

그래서 일반적으로는
종합감사의 본처분과 비하명 특정감사는 결과를 공개하고,
개인이나 단체 등이 특정될 수 있는
하명 특정감사 결과와 조사 결과는
비공개하고 있는 것이 현실입니다.

감사 결과를 공개하면

국민의 알권리를 보장하고

감사의 효과와 품질을 제고할 수 있습니다.

감사 결과 보고서 이용자와 함께

감시함으로써 행정의 투명성을 제고할 수 있으며,

경각심 고취를 통한 예방 감사의 효과도 달성할 수 있습니다.

하지만 감사 결과 공개가

무조건 긍정 효과만 있는 것은 아닙니다.

보안 사항과 개인정보의 유출 가능성이 상존하고,

언론보도로 인해 행정기관에 대한 신뢰도가 저하되며,

비리 수법에 대한 모방 등 악용 우려도 있으니까요.

그러하기에 감사 결과 공개 역시

적정한 선에서 이루어지는 것이

효과적일 것입니다.

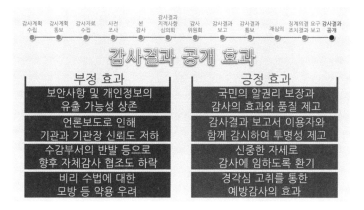

그렇다면 감사 결과를 공개할 때는

어떻게 해야 할까요?

「자체감사기준」 제29조(감사결과의공개)에 따르면

공개의 시기 · 방법 등을 미리 정하여 공표하고,

이에 따라 공개하여야 한다고 되어 있습니다.

공개 시기와 방법 등을 사전 공표해야 한다는 의미이지요.

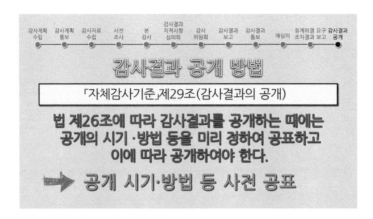

또한 감사 결과를 공개할 때는

필수 포함 사항이 있는데요.

감사 배경 및 목적, 감사 중점사항 및 대상과 같은

감사 개요와 감사 대상 기관의 현황, 그리고 처분 요구와 통보 사항이

담긴 감사 결과는 반드시 포함되어야 합니다.

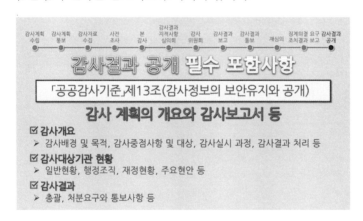

그런데 실제 현장에서는

위낙에 감사도 많은 데다

행정감사 자체가 업무량이 상당한 관계로

감사 결과를 대충 공개해 버리기 일쑤입니다.

감사 개요와 지적 사항 총괄표만 올리는 곳도 있고

아예 지적 사항에 대한 간단한 요약표만 올리는 곳도 있습니다.

물론 그 바쁜 와중에도
필수로 들어가야 할, 포함되어야 할 사항들을
일목요연하게 정리해서 공개하는 곳도 있습니다.

그런데 감사관님들이
잊지 말아야 할 것이

감사 관련 외부에 공개되는 것은
공개문이 거의 유일한 자료이기에

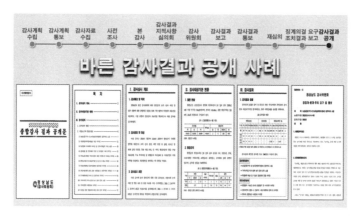

감사 결과 공개문을 가지고
해당 감사기구의 수준을 파악할 수 있다는 것이지요.

그러니 부디
아무리 시간에 쫓기고 일이 바빠도
감사 결과 공개문은 감사 개요부터

처분요구서까지 일목요연하게 정리해서 공개하는
습관을 들이시기 바랍니다.

감사 결과 공개문이
감사기구의 얼굴이니 말입니다.

그럼, 마지막 장에서는
감사 보고서를 톺아보는 시간을 가지도록 하겠습니다.

4장 감사보고서 톺아보기

1. 감사보고서란?

일반적으로 감사보고서라 하면
좁은 의미에서는 감사 결과 보고서만을 칭합니다.

하지만 넓은 의미에서는 감사와 관련하여 작성하는
감사 지적 및 심의요구서, 감사 결과 처분요구서 등을 모두
포함합니다.

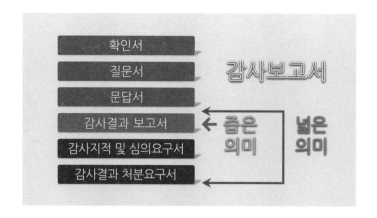

그런데

감사 결과 보고서와 문답서를 제외하고는

감사 과정에서 작성되는

확인서, 질문서, 감사 지적 및 심의요구서,

감사 결과 처분요구서까지

그 형식이 상당히 유사합니다.

감사결과 보고서	감사지적 및 심의요구서
감사개요	현황(업무개요)
감사대상기관 현황	관계법령(판단기준)
총평 및 처분 요구사항	위법부당사항(확인된 문제점)
주요 지적사항	수감자 또는 수감기관 의견
처분요구 심의내역	감사자 판단 및 근거
우수공무원 및 우수사례	관련자 조서 및 조치의견
조치계획	처분요구(통보) 문안

이 차이는 감사 결과 보고서가

감사의 결과를 전체적으로 보고하기 위한

일반적인 보고서를 의미하는 반면,

그 외 감사 지적 및 심의요구서 등은

해당 감사 지적 건에 대해 구체적으로

기술되어 있기 때문입니다.

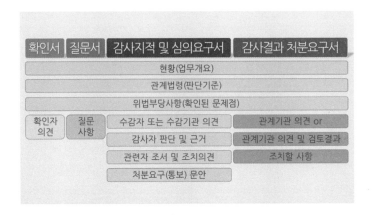

확인서	질문서	감사지적 및 심의요구서	감사결과 처분요구서
		현황(업무개요)	
		관계법령(판단기준)	
		위법부당사항(확인된 문제점)	
확인자 의견	질문 사항	수감자 또는 수감기관 의견	관계기관 의견 or
		감사자 판단 및 근거	관계기관 의견 및 검토결과
		관련자 조서 및 조치의견	조치할 사항
		처분요구(통보) 문안	

그래서 이번 장에서는 행정 감사에서만 사용되는
문서들에 대해 자세히 다뤄보도록 하겠습니다.

2. 감사보고서별 특성

먼저 그 차이부터 살펴보면,
확인서는 지적 사항에 대한
대상 기관의 확인을 받기 위한 문서입니다.
그래서 소관 부서장에게
날인을 받아 제출하도록 합니다.

그리고 질문서는
확인서와 동일한 형태에다가
발생원인 및 대책, 책임소재 등에 대한 질문 사항이
포함되어 있습니다.

감사 대상 기관에 질문을 던지는 것이기에
부기관장에게 발급합니다.

문답서는
안건 관계인들의 책임소재를 규명하고,
변명 또는 시인을 듣기 위한 문서입니다.

여기까지는 심의 절차에 들어가기 위한
필요 서류들이고
실제 심의 절차에 활용되는 건
감사 지적 및 심의요구서입니다.

끝으로 심의 절차가 모두 끝나고
감사 대상 기관에 감사 결과를 통보할 때 사용되는 문서가
감사 결과 처분요구서가 되는 것입니다.

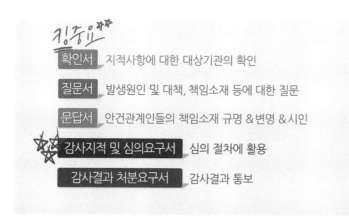

<blockquote>
중요☆☆

확인서 - 지적사항에 대한 대상기관의 확인

질문서 - 발생원인 및 대책, 책임소재 등에 대한 질문

문답서 - 안건관계인들의 책임소재 규명 & 변명 & 시인

감사지적 및 심의요구서 - 심의 절차에 활용

감사결과 처분요구서 - 감사결과 통보
</blockquote>

3. 감사보고서 작성 원칙

감사보고서를 작성할 때는
어문규범에 맞게 바르게 작성해야 하고,
누구나 쉽게 알아볼 수 있도록 작성해야 합니다.

그리고 모호한 표현 등은 최대한 자제하고
구체적이고 분명하게 서술하여야 하며,
처음부터 끝까지 논지의 일관성이 유지되어야 합니다.

또한 장황하게 늘어지도록 기술하지 않고,
동일 내용에 대해 반복적으로 서술하지 않아야 합니다.

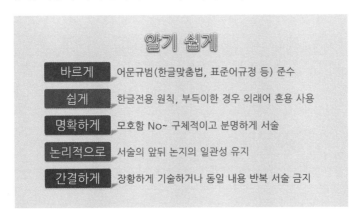

가끔 보면 자기만 알 수 있도록
어렵고 모호하게 작성하는 감사관들이 있는데요.
본인만 해석할 수 있는 문서를 가지고는

누구에게도 명확한 이해를 얻을 수 없다는 점
잊지 마시기 바랍니다.

감사관은 감사보고서로 말합니다.
그러니 자신이 지적한 사항에 대해
최대한 간결하고 알기 쉽게 서류를 작성하는 것 또한
감사관의 역량에 달린 것입니다.

그리고 무엇보다 감사 관련 서류에는
주관적이고 과장된 표현은 절대 금지입니다.

"11~12퍼센트를 차지할 정도로 그 비중이 높다."라는
문장을 봅시다.

11~12퍼센트는 비중이 높은 겁니까?
낮은 겁니까?

이것은 지극히 주관적인
판단의 영역에 해당하므로
해당 문장은 감사보고서에 어울리지 않는 문장입니다.

그냥 심플하게
"11~12퍼센트를 차지한다."라고 기술하는 게 합당할 테지요.

그렇나면

"궤변을 늘어놓고 있다."는 어떻습니까?

감사관 자신이 볼 때는 궤변이지만

실상은 아닐 가능성도 존재하는 것이므로

그냥 간단하게 "인정할 수 없다."로

기술하는 것이 좋을 겁니다.

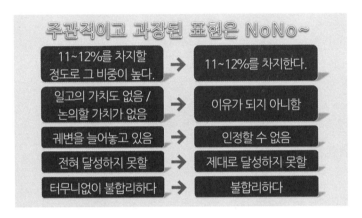

감사관의 주관적 의견은

감사 지적 및 심의요구서의

감사자 판단 및 근거,

관련자 조서 및 조치 의견에서만

용인된다는 점 잊지 마시기 바랍니다.

2부 · 감사 잘하는 방법

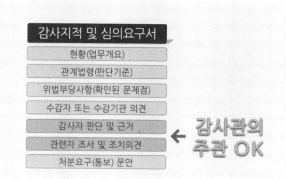

4. 감사보고서 작성 요령

그럼, 이제부터 감사보고서
작성 요령에 대해 살펴볼 텐데요.

다른 감사보고서 전체를 아우를 수 있는
감사 지적 및 심의요구서를 가지고
구체적으로 알아보도록 하겠습니다.

감사 지적 및 심의요구서의
전체 구조는 다음의 그림과 같습니다.

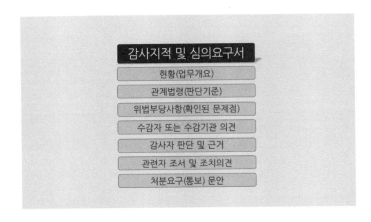

상당히 복잡하고
까다롭게 보이는데 차근차근 풀어보면
그렇지 않으니 한번 보겠습니다.

4-1. 지적명

사람이든 물건이든
첫인상이 정말 중요한데요.
감사보고서의 첫인상은
지적명이 좌우합니다.

지적명만 봐도
이 감사관이 얼마나 많은 고민을 했고
얼마나 깊은 검토를 했는지를

바로 알 수 있기 때문인데요.

지적명은
감사 지적 사항이 무엇인지 쉽게 알아볼 수 있도록
세부적이고 구체적으로 작명해야 합니다.

예를 들어
"외국인근로자 지원센터 운영 공모사업 추진 부적정"이란
지적명은 너무 광범위하여
자칫 공모사업 전체의 추진이 잘못되었다는
오해를 야기할 수 있습니다.

"외국인근로자 지원센터 운영 공모사업 대상자 선정 부적정"처럼
지적 사항에 대한 구체화가 필요하겠지요.

"공유재산 운영 부적정"이란 지적명도
너무 포괄적이고 광범위합니다.

이런 경우에는
"공유재산 용도폐지 및 매각 부적정"으로 작명하시면
훨씬 함축적이고 구체화 되겠지요.

그러므로 감사보고서를 작성할 때는

처음에 지적 제목을 이미 작명하셨을지라도
보고서를 다 작성한 이후에
다시 한번 곱씹어 보시기 바랍니다.

감사보고서의 첫인상은
지적명이니까요.

4-2. 현황(업무개요)

지적명에 대한 작명이 끝나면
본격적으로 내용 작성에 들어갑니다.

가장 처음을 장식하고 있는 부분이
바로 현황(업무개요)입니다.
위반 사항을 적발했으니까
무엇이 잘못되었고, 어떤 부분이 바르지 않다고
비난해야 하지 않겠습니까.

그런데 처음부터 비난해 버리면
본론이 제일 먼저 등장하는 느낌이잖아요.
마치 드라마에서
주인공이 제일 먼저 등장을 하는 것처럼 말입니다.

그래서 본격적으로 비난하기에 앞서

비난 사실에 대한 전제를 기술하는데

그 부분이 바로 현황(업무개요)이 되는 것이지요.

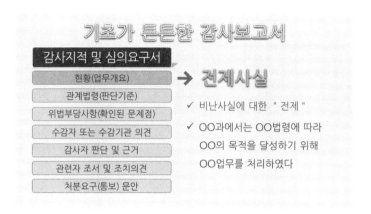

현황(업무개요) 부분은

일반적으로 ○○과에서는 ○○법령에 따라 ○○의 목적을

달성하기 위해 ○○업무를 처리하였다와 같은 식으로

작성합니다.

비난 사실에 대해 전제하는 것이므로

○○업무를 잘못 처리했다고 비난하고자 하는

취지이겠지요.

현황(업무개요)은 비난을 위한 전제이므로

아래와 같이 장황하게 작성하면 곤란합니다.

장황하게 작성된 현황 사례

지적일시	2024. 6. 21.				
직무분야	2-10(기타)	비위유형	2-7(업무처리소홀)	정 황	경과실(3)
제 목	수산자원보호구역 내 행위허가 업무처리 소홀				

① 내 용

1. 현황(업무개요)

　　OO시 해양수산과에서는 「수산자원관리법」에 따라 수산자원관리를 위한 계획을 수립하고, 수산자원의 보호·회복 및 조성 등에 필요한 사항을 규정하여 수산자원을 효율적으로 관리함으로써 어업의 지속적 발전과 어업인의 소득증대에 기여함을 목적으로 수산자원보호구역 내 행위허가 업무를 수행하고 있다.

수식어 등은 과감하게 생략하고
아래와 같이 핵심만을 짚어 주셔야 합니다.

"OO시 해양수산과에서는 「수산자원관리법」에 따라
　수산자원보호구역 내 행위허가 업무를 수행하고 있다."

4-3. 관계법령(판단기준)

다음은 관계 법령(판단기준)인데요.
관계 법령을 작성할 때
가장 중요한 사항은 정당론이 반드시 포함되어야 한다는 겁니다.

정당론이란
정당에 관련된 정치학의 분야인 정당론(政黨論)이 아니라
바르고 정당한 논리를 뜻하는 정당론(正當論)을 의미합니다.

비난을 위한

바르고 정당한 논리인 것이지요.

그래서 일반적으로 정당론은

"따라서 OO과에서는 OO업무를 할 때에는 OO하여서는 아니 된다."

와 같은 형태를 취합니다.

그래야만 비난 사실을 적시할 때

"OO업무를 OO하게 처리하였다."와 같이

비난이 가능할 것이니

정당론만 논리적으로 작성되었다 하면

실제 감사보고서의 절반은 완성되었다 할 수 있을 정도로

정당론은 중요한 역할을 담당합니다.

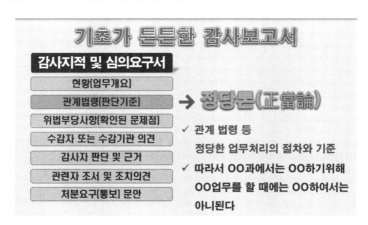

일반적인 관계 법령 부분의 작성 형태는
비난 사실과 관련된 관계 법령을 기술한 후에
정당론을 기록하게 됩니다.

가끔 어떤 감사관들은
직접 관계되지 않는 법령까지
모두 끌어와 장황하게 나열하여 기술하는 경우가 있는데요.
이는 정말 잘못된 방식으로
직접적으로 관계되는 법령만
일목요연하게 작성하셔야 합니다.

그리고 관계 법령을 적시할 때는
"「○○법」 제○○조(조문명)에는 ~라고 규정하고 있다."와 같이
인용하는 방식이 있고,
"「○○법」 제○○조(조문명)에 따르면 ~하도록 되어 있다."와 같이
당위성을 제시하는 방식이 있습니다.

어느 쪽을 사용하든 무방하나
이후에 정당론이 이어지는 것을 감안하면
인용보다는 당위성을 제시하는 방식을 권고드립니다.

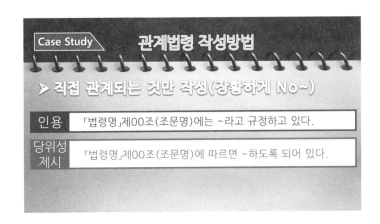

4-4. 위법부당사항(확인된 문제점)

다음은
위법부당사항(확인된 문제점) 입니다.

감사보고서의 본론으로
감사관이 확인한 위법 부당하게 처리한 위반 사항을
원인과 이유, 그리고 결과까지
상세하게 기술하는 부분인데요.

일반적인 형태는
"그런데도 ○○과에서는 ○○하였고,
  이로인해 ○○하는 결과를 초래하였다."와 같은 방식입니다.

기초가 튼튼한 감사보고서

감사지적 및 심의요구서

- 현황(업무개요)
- 관계법령(판단기준)
- 위법부당사항(확인된 문제점)
- 수감자 또는 수감기관 의견
- 감사자 판단 및 근거
- 관련자 조서 및 조치의견
- 처분요구(통보) 문안

→ 비난사실과 결론

✓ 위법 부당하게 처리한 행위와
  그 원인, 이유와 결과
✓ 그런데도 OO과에서는 OO하였고,
  이로인해 OO하는 결과를 초래…

위법부당사항을 기술할 때는

감사를 하면서 확보한 증거자료 등을

모두 쏟아부어야 합니다.

누가 봐도

한눈에 위반했다는 걸 인지할 수 있도록 말이지요.

그림이나 사진,

통계자료 등을 활용하여

일목요연하게 정리하는 것이 핵심인데요.

가끔 감사관들이

완벽한 위법부당사항의 논리를 만들기 위해

결과 부분을 실제 일어나지 않은 경우를 예측하여

기술하는 경우가 있는데

이는 다른 객관적인 증빙자료의 신빙성까지

훼손시키는 행위입니다.

잘못 작성된 위법부당사항 사례

위의 사례를 한번 볼까요?

'특정인에게 특혜를 주고 난개발이 우려될 수 있는
결과를 초래하였다.'

난개발이 이루어졌나요?
아직 일어나지 않은 예측에 불과하지 않습니까?

이는 위법부당사항에 기술하기엔
적절하지 않은 내용입니다.
위법부당사항에는
사실관계만 적시해야 하니까요.

실제 잘못된 행정 행위, 그로 인해 일어난 결과 등

사실을 바탕으로 한 내용으로만 기술하는 것이
적절한 위법부당사항을 작성하는 방법입니다.
물론 그 원인과 이유에다가
초래된 결과까지 기술하면
더 없이 이상적이겠지만
어디 세상이 이상적으로만 돌아갑니까.

초래된 결과까지 밝히지 못했다면
위반 행위에 대한 원인과 이유까지만
적시해도 무방하오니
너무 형식에 치중하지는 마시기 바랍니다.

형식에 치우치다
내용이 훼손되는 사례가 발생할 수도 있으니 말이지요.

그리고 위법부당사항(확인된 문제점)을 작성하실 때
주로 '그런데' 또는 '그런데도'로 시작하는데요.

'그런데도' 뒤쪽에는
○○해야 함에도, ○○하였음에도와 같은 내용이 나오면
어문학상 오류가 발생하니,
이런 경우에는 '그런데'로 시작하시는 것이
옳은 감사보고서 작성 요령입니다.

4-5. 수감자 또는 수감기관 의견

다음은
수감자 또는 수감기관 의견입니다.

앞 장에서 본처분 대상 지적 사항에 대해서는
질문서를 발부한다고 말씀드렸었는데요.
해당 질문서에 포함된 질문들에 대한
감사 대상 기관의 답변을 적시하는 부분입니다.

감사 지적에 대해
대상기관에서 수긍하든 반박하든
답변서에 있는 내용을 그대로 가감 없이
기술하시면 됩니다.

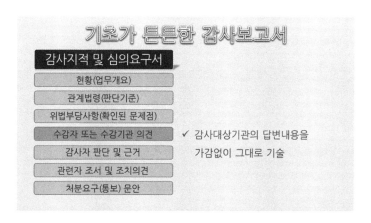

가끔 답변 내용을
감사관에게 유리하게 짜깁기하는 감사관들이 있는데
그러시면 곤란합니다.

감사 대상 기관의 주장이
명백하게 잘못되었다는 것을 반박해야만
해당 지적에 문제가 없다는 것을 증명할 수 있으니까요.

4-6. 감사자 판단 및 근거

다음은
감사자 판단 및 근거입니다.

감사 대상 기관에서 제출한
답변서 내용을 가지고
감사자 판단 및 근거를 작성하게 되는데요.

감사 지적에 대한 이설이 없을 경우는
심플하게 작성하시면 되시지만
감사 대상 기관의 이설이 있을 경우는
반드시 해당 주장에 대해 논리적으로 반박을 하셔야 합니다.

어떤 사항 때문에

해당 주장이 잘못되었고

감사 지적에 문제가 없다는 것을

증명해 내지 못하면

감사 지적에 흠결이 발생하기 때문입니다.

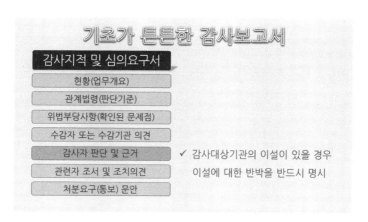

여기에 더해

감사 결과로 내려질 처분에 대한

이유와 논리 또한 함께 기술하셔야 합니다.

안건 관계인이 여러 명이라면

A라는 사람은 왜 경징계이고,

B라는 사람은 왜 훈계인지에 대한

판단 및 근거를 적시하셔야 하는 것이지요.

4-7. 처분요구(통보) 문안

끝으로 처분요구(통보) 문안입니다.

처분 요구는

감사 대상 기관장에게 하는 것이므로

처분 요구(통보) 문안의 주어는

감사 대상 기관장입니다.

OO 시장은, ◇◇ 군수는, ◎◎ 사업소장은과 같이

말이지요.

주의할 점은

처분요구(통보) 문안만으로도

위법 부당의 사유와 조치할 내용 등을

명확히 파악할 수 있도록 작성되어야 합니다.

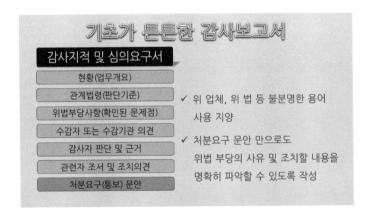

그러하기에 위 업체, 위 법 등 불분명한 용어의 사용은
지양해야 합니다.

그리고 되도록
체계를 유지하시는 것이 좋습니다.
감사보고서는
일목요연해야 하니까요.

징계와 훈계, 주의를 하나의 처분으로 묶거나
동일한 수준의 양정을 쪼개 놓으면
처분을 받은 감사 대상 기관에서
해석하는 데도 곤란을 겪을 수 있습니다.

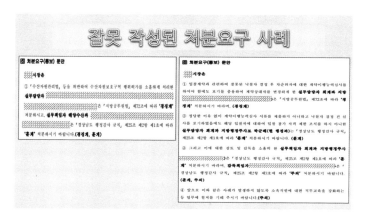

권고드리자면
신분상 처분, 행정상 처분 순으로 작성하는 것이 좋습니다.

감사 대상 기관 입장에서는
행정상 처분은 소관 부서에서 처리하는 관계로
관련 공문을 통보하면 되지만
신분상 처분은
감사부서에서 직접 처리를 해야 하기 때문입니다.

그리고 신분상 처분은 징계, 훈계 · 주의만 구분하여
중한 순서대로 작성해 주시고,
행정상 처분은 시정, 주의, 통보 순으로 작성해 주시면
이상적일 듯합니다.

시정은 반드시 원상회복을 하는 행정처리가 따르는 것이고,
주의는 단순한 직원 교육 등이며,
통보는 감사 대상 기관에 재량을 부여하는 처분이니 말입니다.

끝으로 신분상 처분 및 처분 요구의 경우에는
근거가 되는 규정을 명시하기 마련입니다.

일부 감사관들이
자체 감사 규칙의 처분 기준을 명시하는 경우가 있는데요.
이는 잘못된 경우입니다.

처분 기준은

2부 · 감사 잘하는 방법

징계나 훈계 등이 어떠한 경우에 해당하는지를
명시한 내용이기 때문입니다.

○○에 따라 징계 의결 요구를 하고
○○에 따라 훈계 처분을 해야 하는
감사 대상 기관의 입장에서의 의결 요구를 하고 처분할 수 있는
절차에 대한 근거 조항을 명시해야만 합니다.

징계사항인 경우에는
지방공무원은 「지방공무원법」 제72조(징계 등 절차),
교육공무원은 「교육공무원법」 제51조(징계의결의 요구)를
근거 규정으로 명시하셔야 합니다.

그리고 훈계, 주의 등 징계 이외의 신분상 처분의 경우에는
감사 대상 기관이 징계 이외의 신분상 처분을 하는 근거 규정을 명시
해 주셔야 합니다.

일일이 찾기가 번거롭거나
시간이 허락되지 않을 때는
"관련 규정에 따라 '훈계' 처분하시기 바랍니다."와 같이
명시하셔도 무방하겠습니다.

5. 문답서

일반적인 감사보고서와는
완전히 결이 다른 것이 바로 문답서입니다.
앞 장에서 말씀드렸듯이
징계 사유에 이르는 지적 사항이라면
대상자에 대한 문답은 반드시 필요합니다.

필수 사항이고
문답 없이 징계 처분 요구를 할 경우
절차적 흠결이 될 수도 있으니 유념하시기 바랍니다.

문답은 일반적으로
진술자, 조사자, 입회자 3명이
하나의 공간 안에 위치한 상태로 진행됩니다.

조사자가 진술자에게 질문하고
진술자가 답변하는 내용을
기술하는 방식인데요.

문답이 끝나고 나면
진술자가 문답서를 꼼꼼히 검토할 수 있도록
조사자는 출력하여 진술자에게 전달하여야 합니다.

그래서 수정을 요청하는 사항은

모두 반영을 한 이후

조사자가 동의한 문답서에 대해

진술자, 조사자, 입회자의 날인을 하면 마무리됩니다.

처음 문답을 하는 감사관들은

당황하기 마련입니다.

조사자와 컴퓨터를 사이에 두고 마주 앉아야 하는 것도 부담인데

조사자가 답변 하는 것을 기록하면서 질문을 병행해야 하므로

엄청난 집중력이 요구되는 절차이기도 하지요.

그래서 미리 가상시나리오를

작성해 보는 것이 좋습니다.

이렇게 물었을 때는

저렇게 답변을 하겠지와 같이

감사관이 이미지트레이닝을 해보는 거죠.

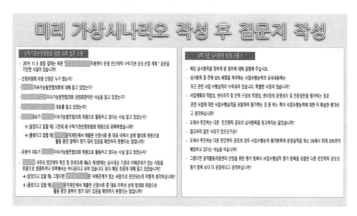

그 결과를 바탕으로

미리 질문지 전체를 작성한 이후

그걸 가지고 문답을 진행하는 겁니다.

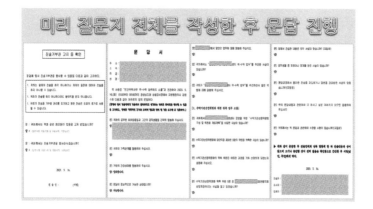

그런데 감사관이 생각한 대로
답변이 이루어지는 경우는 극히 드뭅니다.
조사자가 생각지도 못한 방향으로
답변할 수도 있으니까요.

이럴 때는
조사자가 답변하는 중에
긴급하게 다음 질문의 변경을 가해야 합니다.

그래서 문답하는 도중에는
조사자에게 엄청난 집중력이 요구되지요.

예를 들어 해당 사실을 알고 있냐고 물었는데?
당연히 알고 있을 거라고 생각했는데
조사자가 뜬금없이 모른다고 답했다고 칩시다.

그럼, 네에~ 하고 넘어가시면
절대 안 됩니다.

왜 모르는지에 대한
이유를 물어보셔야 하는 것이지요.

문답은 왜 이런 문제가 발생하게 되었는지

원인과 이유를 관련자의 입을 통해 듣기 위한 과정이므로
진술자의 진술에 의지하여 작성된 문답서는
쓸모없이 시간만 낭비하는 결과를 초래합니다.

그래서 사전에 작성한 질문지와
실제 문답을 한 질문지는 완전히 달라져야
잘한 문답이 되는 것이지요.

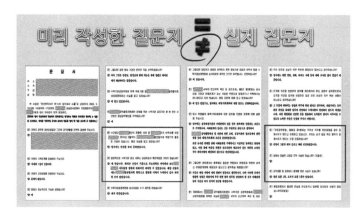

그리고 어느 문답서든 마지막 부분에
유사한 질문이 있는데요.
바로 위반행위에 대한 진술자의 인정을 받는
문항입니다.

되도록 인정한다는 답변을 듣는 게 좋지만
가끔 끝까지 인정하지 않는 진술자도 더러 있기 때문에
굳이 해당 문항 때문에

시간을 지체하지 마시고
진술하는 그대로 적시하시면 그만입니다.

그리되면
본인의 잘못을 인정하지 않는
근거가 될 것이니 아무 문제가 되지 않으니까요.

끝으로 문답 시간이 오래 걸려
18시 이후에 진행되어야 한다면
반드시 야간 조사 동의서를 받으신 후에 진행하시기 바랍니다.

감사 이후 강압에 의한 진술이었다고
주장하는 꼬투리가 될 수도 있기 때문이니
명심하시기 바랍니다.

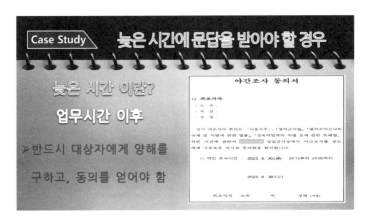

6. 감사 결과 처분요구서

앞서 말씀드린 바와 같이

감사 결과 처분요구서도 감사 지적 및 심의요구서와

유사한 형식을 띠지만

중요한 차이점이 있습니다.

감사 지적에 대해

감사 대상 기관의 이설이 없는 경우와

이설이 있는 경우로 구분되는데요.

이설이 없는 경우는

관계기관 의견란에 아주 간단하게 작성하시면 됩니다.

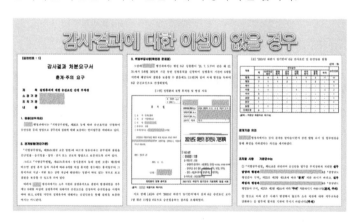

하지만 이설이 있는 경우는

관계기관 의견 및 검토 결과로 작성하여

감사 대상 기관의 주장을 하나하나 반박하셔야만 합니다.

5장 법령에도 메뉴얼에도 나오지 않는 깨알 Tip

지금까지 감사를 할 때
법령에 근거한 대부분의 내용은 말씀드린 듯합니다.

이번 장에서는
법령이나 매뉴얼에 나오지 않는
감사를 하면서 터득한 몇 가지 Tip을 알려드릴까 합니다.

일반적으로 확인서, 질문서, 처분요구서 등
감사 대상 기관에 전달되는 감사보고서들은
대부분 출력해서 전달하게 되는데요.

확인서도 그렇고 질문서도 마찬가지로
감사 대상 기관에서 확인하고
답변해야 하는 형식을 취하기 때문에
확인서를 전달할 때는
확인자 의견 및 관련자 조서 부분은

한글파일로 함께 제공하면

감사 대상 기관에서는 매우 만족합니다.

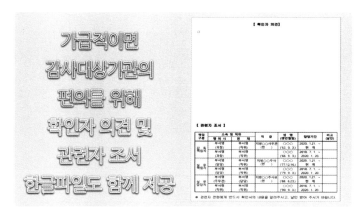

질문서를 전달할 때도

답변서 샘플을 함께 전달하면

감사 대상 기관 관계자들의 얼굴에는

미소가 번지지요.

행정감사가 예전처럼

고압적인 분위기에서

일방적으로 이루어지는 시대는 지났으니까요.

감사 대상 기관을 배려할 수 있는 부분은

배려하면서 스마트하게 감사를 진행하는 쪽이 바람직할 겁니다.

그리고 일반적으로

훈계장은 공문과 함께 발급하지만

주의장은 공문으로 갈음합니다.

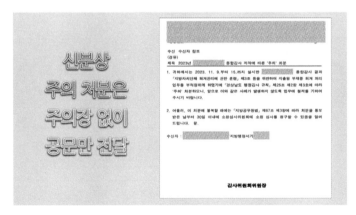

그리고 마지막으로

지금까지 제가 지적한 감사 지적 건들 중에

가장 애착을 가지는 감사 지적 및 심의요구서가 있는데요.

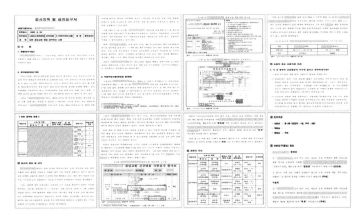

해당 위반 사항을 적발하고

엄청난 노력과 더불어 상당히 고심하여 작성하였는데

감사위원회에서 징계가 훈계로 감경된 건입니다.

노력만으로 결과가 담보되지는 않지만

해당 지적을 통해

저의 감사 역량은 한 단계 성장하였다고

자신할 만큼 후회가 없었던 지적이었는데요.

감사뿐만 아니라

우리네 삶이 그렇지 않겠습니까.

일단 열심히 해보는 겁니다.

그래서 원하는 결과에 도달하면

더없이 좋은 것이고

비록 도달하지 못하더라도

그 과정에서 얻게 되는 것들이

여러분 삶을 더욱 풍요롭게 만들어 줄 것이기에

안주하지 마시고

항상 부딪히고 도전하는 자세로

인생을 살아가시기 바랍니다.

이건 다른 이야기지만

만약 위의 경우처럼 시험을 주관하는 측에서

심사위원 미제척 등의 절차적 흠결이 발견되었을 경우

임용 취소 사유가 될까요?

법원에서는

공정성 훼손 사유에 해당되나

임용 취소 사유에 해당하지 않는다고 보고 있습니다.

이 또한 참고하시면

좋을 것 같습니다.

모쪼록

훌륭한 감사관이 되셔서

행정의 책임성을 강화하는데

힘을 보태주시길 진심으로 기원하면서

이만 줄이도록 하겠습니다.

봄볕처럼 다가와

한결 같은 연두빛으로

자리하고 있는 아내 봉봉이에게

사랑과 존경을 전합니다.

도서출판 이비컴의 실용서 브랜드 **이비락**🌸은 더불어 사는 삶에 긍정의 변화를 줄 유익한 책을 만들기 위해 노력합니다.

원고 및 기획안 문의 : bookbee@naver.com